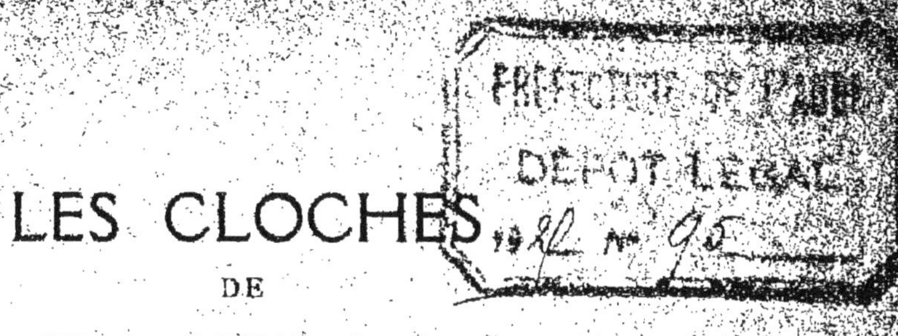

LES CLOCHES DE CORNEVILLE

OPÉRA-COMIQUE

EN TROIS ACTES ET QUATRE TABLEAUX

ET UN BALLET

PAR

CLAIRVILLE & CH. GABET

MUSIQUE DE

ROBERT PLANQUETTE

CINQUANTE-SEPTIÈME ÉDITION

Prix net : 3 francs

PARIS

C. JOUBERT, ÉDITEUR DE MUSIQUE

25, RUE D'HAUTEVILLE, 25

—

1924

LES CLOCHES

DE

CORNEVILLE

LES CLOCHES
DE
CORNEVILLE

OPÉRA-COMIQUE
EN TROIS ACTES ET QUATRE TABLEAUX
ET UN BALLET

PAR

CLAIRVILLE & CH. GABET

MUSIQUE DE

ROBERT PLANQUETTE

CINQUANTE-SEPTIÈME ÉDITION

Prix net : 3 francs

PARIS
C. JOUBERT, ÉDITEUR DE MUSIQUE
25, RUE D'HAUTEVILLE, 25

1924

LES CLOCHES DE CORNEVILLE

Opéra-Comique en trois Actes et quatre Tableaux

Paroles de MM. CLAIRVILLE et Ch. GABET

MUSIQUE DE

ROBERT PLANQUETTE

Représenté, pour la première fois, sur le théâtre des Folies-Dramatiques, le 19 Avril 1877.

PERSONNAGES :

GERMAINE	Mmes	Gélabert.
SERPOLETTE		Girard.
MANETTE		Rola. / Fleury.
JEANNE		Vallot.
GERTRUDE		Fraissinet.
SUZANNE		Cora.
CATHERINE		Becker.
MARGUERITE		M. Coste.
GASPARD	MM.	Milher.
LE MARQUIS		E. Vois.
GRENICHEUX		Simon Max.
LE BAILLI		Luco.
LE TABELLION		Vavasseur.
CACHALOT		Speck.
GRIPPARDIN		Heuzey.
FOUINARD		Jeault.

Paysans, Paysannes, Gardes champêtres, Matelots. Mousses, Cochers, Servantes, Domestiques.

L'action se passe à la fin du règne de Louis XIV.

THÉATRE MUNICIPAL DE LA GAITÉ

REPRISE DU 15 SEPTEMBRE 1892

PERSONNAGES

GERMAINE	Mmes	Gélabert.
SERPOLETTE		Rose Delaunay.
MANETTE		Duvallon.
JEANNE		Morineau.
GERTRUDE		Irma Etienne.
SUZANNE		Richmond.
CATHERINE		d'Areyville.
MARGUERITE		Fournier.
GASPARD	MM.	Paulin Ménier.
LE MARQUIS		Morlet.
GRENICHEUX		P. Fugère.
LE BAILLI		Bartel.
LE TABELLION		Bienfait.
CACHALOT		Raoul.
GRIPPARDIN		Bouland.
FOUINARD		Jaltier.

Paysans, Paysannes, Gardes champêtres, Matelots, Mousses, Cochers, Servantes, Domestiques.

L'action se passe à la fin du règne de Louis XIV.

Pour la mise en scène exacte de l'ouvrage, ainsi que pour la musique et les parties d'orchestre, s'adresser à M. C. Joubert, éditeur, 25, rue d'Hauteville, Paris (Xe).

LES CLOCHES DE CORNEVILLE

ACTE PREMIER

Le théâtre représente un sentier boisé. On ne voit en scène qu'une fontaine au milieu du décor, un peu à droite du spectateur. Cette fontaine, aussi nature que possible, est gothique. A gauche, au premier plan, un grand poteau portant une affiche sur laquelle on lit en grandes lettres : *Marché de Corneville, Grande Louée aux Servantes, Cochers et Domestiques.* Le reste, en petites lettres, doit être illisible.

SCÈNE PREMIÈRE

PAYSANS et PAYSANNES, JEANNE, CATHERINE, GERTRUDE, MANETTE, SUZANNE et MARGUERITE, *types de Normands. — Les hommes en manches de chemise ou en veste, avec des sabots et bonnet de coton ; les femmes, comme les hommes, en bonnet de coton et en costumes comiques ;* *ensuite* SERPOLETTE, *même costume.*

INTRODUCTION

CHŒUR

C'est le marché de Corneville,
Qui lui seul enrichit la ville,
Allez, marchez ! allez, marchez !
Vous y trouv'rez c' que vous cherchez.
Voulez-vous cochers, domestiques,
Ou des servantes magnifiques ?
  Vous en verrez,
  Vous en aurez,
  Vous en trouv'rez
  Tant qu' vous voudrez.

Après ce chœur, les hommes remontent et forment des groupes dans le haut, tandis que la scène reste aux femmes, groupées autour de la fontaine.

GERTRUDE

Quoi, v'là tous les cancans de l'semaine?

JEANNE

On dit encore que Germaine
Refus' d'épouser l' Bailli.

TOUTES

Oui, oui, oui, oui,
Germaine ne veut plus de lui.

MANETTE

Si j'en croyais ce qu'on répète,
Germaine aurait un amoureux.

TOUTES

Un amoureux?

SUZANNE

Jean Grenicheux.

TOUTES

Jean Grenicheux?

MANETTE

L'amoureux d' Serpolette?

SERPOLETTE, *qui vient d'entrer, se campant au milieu du théâtre*

Hein ! qui parle de Serpolette?

(*Ici les hommes redescendent.*)

TOUTES

Elle !

SERPOLETTE

Vous disiez?...

JEANNE

C'est Manette
Qui disait...

MANETTE

Je disais que l'on dit en cachette...

SERPOLETTE

Tu disais que l'on dit...

MANETTE

En parlant d'Grenicheux,
Qu'il est...

SERPOLETTE

Qu'il est?

MANETTE

Ton amoureux.

SERPOLETTE

On dit, on dit, c'est la chanson méchante,
La chanson qu'ici chacun chante,
Et que je veux chanter aussi.

CHANSON

On dit...

TOUS

On dit...

SERPOLETTE

On dit, charmante Jeanne...

TOUTES

On dit, charmante Jeanne...

SERPOLETTE

Que tous les soirs à la nuit,
Vous entrez dans la cabane
Du beau berger Bénédit (*bis*).
On dit que le jour s'achève
Quand vous vous y présentez.
On dit que vous n'en sortez
Que lorsque le jour se lève.

JEANNE, *furieuse, parlé*

Serpolette !

SERPOLETTE

On dit...

TOUS

On dit...

SERPOLETTE

On dit qu' sans fair' de bruit,
Manette, encore la nuit,
Va r'joindre Nicolas
Dans la grange à Thomas,
Et qu'ils y font des dégâts,
Dont Thomas accus' les rats.
Ah ! on dit, on dit, on dit,
Voilà ce que l'on dit.
Ah ! ah ! ah ! ah ! voilà ce que l'on dit.

II

SERPOLETTE

On dit que Catherine,

TOUTES

On dit que Catherine,

SERPOLETTE

Avec Nicolas Gervais,
Va dans la forêt voisine
Pour cueillir des fraises, mais (*bis*)
On dit qu'elles sont mauvaises
Ou qu'elles manquent parfois,
Car, en revenant du bois,
On n'leur a jamais vu d'fraises.

CATHERINE, *furieuse, parlé*

Serpolette !

SERPOLETTE

On dit... et l'on écrit
Que le garde surprit
Gertrude dans l'moulin
Du meunier Babolin.
Et, sous les cieux étoilés,
Jean et Suzann' dans les blés.
Ah ! on dit, on dit, on dit,
Voilà ce que l'on dit.
Ah ! ah ! ah ! ah ! voilà ce que l'on dit.

TOUTES

Assez, faisons-la taire (*bis*).

BACCHANALE

TOUTES LES FEMMES

Oui, nous devons faire taire
Cette langue de vipère
Qui, sans cesse, déblatère.
Heureuse de ses excès,
A cœur joie elle s'en donne,
Elle n'épargne personne,
Et, comme un bourdon, bourdonne, } *bis*
Rien ne l'arrête jamais !

SERPOLETTE, *contre toutes*

Vous ne me ferez pas taire,
En dépit de la colère
Qui, toutes, vous exaspère.
Je veux, moi, qui vous connais,
Ici, n'épargner personne,
Car je ne suis pas poltronne,
Et, comme rien ne m'étonne,
Rien ne m'effraie jamais.

REPRISE

LES COMMÈRES	SERPOLETTE
Oui, nous devons faire taire, Etc.	Vous ne me ferez pas taire Etc.

LES HOMMES, *des deux côtés*

Scit, scit, scit, scit, scit, scit,
Disputez-vous, battez-vous,
Nous allons compter les coups.

SCÈNE II

LES MÊMES, LE TABELLION, GRIPPARDIN, FOUINARD

TOUS TROIS

Silence !

LE TABELLION

Un semblable tapage,
Quand il faut se rendre au bailliage
Pour le cortège triomphal,
Qui, du marché, donne le signal?

TOUS

Oui, nous savons que c'est l'usage
Et qu'un cortège triomphal
Du marché donne le signal.

REPRISE DU CHŒUR D'INTRODUCTION

Car le marché de Corneville
Peut lui seul enrichir la ville.
Allez, marchez ! allez, marchez !
Vous y trouv'rez c' que vous cherchez.

(Sur la reprise de ce chœur, toute la figuration s'est éloignée; le tabellion et ses assesseurs sortent les derniers; mais à peine sont-ils sortis, que Serpolette, qui s'est cachée derrière la fontaine, reparaît.)

SCÈNE III

SERPOLETTE, CATHERINE, GERTRUDE, JEANNE MANETTE, SUZANNE et MARGUERITE

SERPOLETTE

Plus souvent que je vais m'hébéter pendant deux heures au bailliage.

GERTRUDE, *revenant par le fond*

Merci ! le marché ne commence qu'à midi et il n'est pas neuf heures.

CATHERINE, *idem*

Il nous ennuie, le tabellion.

SERPOLETTE

Ah ! mais c'est-y à moi qu'vous en voulez?

MANETTE, *qui a suivi Catherine*

A toi? ma foi, non.

SUZANNE, *idem*

Nous t'avons attaquée, tu nous as répondu, t'as bien fait !

JEANNE

D'ailleurs, les coups d'langue ça vaut encore mieux que les coups de poing.

MARGUERITE

Ça fait quelquefois plus de mal.

SERPOLETTE

Oh ! que non pas; si tu étais au service du père Gaspard, tu ne dirais pas ça.

GERTRUDE

C'est-y vrai que tu le quittes, le père Gaspard?

SERPOLETTE

Si c'est vrai?... On me dirait : Serpolette, voilà le diable et v'là ton vieux scélérat de maître; il faut que tu serves l'un ou l'autre, lequel veux-tu servir? Je répondrais tout de suite : J'entre au service du diable.

JEANNE

Le fait est qu'il n'est pas doux, le vieux fermier.

SERPOLETTE

Pas doux, c'est-à-dire que c'est un tigre !

CATHERINE

T'es pourtant son enfant d'adoption?

SERPOLETTE

Oui, j'ai été ramassée par lui, dans un champ de serpolets, et il m'a portée à sa ferme, où depuis j'ai été élevée au sein de ses animaux domestiques, absolument comme ses dindons et ses canards. Bien sûr que s'il avait pu me tordre le cou, il m'aurait mangée comme ses autres bêtes. Mais ce qui m'a tout à fait décidée à le planter là, c'est l'arrivée de sa nièce, la belle Germaine, une pimbèche qui sort de sa pension et qui vous a des façons et des manières... une enjôleuse, quoi !

TOUTES

Enjôleuse !

SERPOLETTE

Oui, enjôleuse. Car c'est vrai ce que disait Manette : j'avais un amoureux, même que plusieurs fois je m'étais compromise avec cet imbécile de Grenicheux.

SUZANNE

En v'là un sournois.

JEANNE

Et un hypocrite.

MANETTE

Aussi sournois et aussi hypocrite que le père Gaspard.

SERPOLETTE

Oui, mais quel joli gazouillement; l'soir, quand il chantait le long d'la falaise et que je l'entendais en retournant à la ferme, c'était plus fort que moi, j'le suivais, c'est-à-dire que je suivais sa voix, et c'était toujours du côté du p'tit bois que ses roucoulades m'conduisaient, et là y m'parlait mariage sous le grand orme qui s'trouve à l'entrée; mais depuis l'arrivée de la superbe Germaine, j'ai beau l'attendre... sous l'orme, y ne r'vient pas.

GERTRUDE

Mais qu'est-ce que c'est que cette Germaine? Jamais on n'avait entendu parler d'une nièce à Gaspard.

SERPOLETTE

Si fait, il en parlait queuque fois, surtout d'puis un an. Y paraît que c'est la fille d'une sœur à lui, qui n'était pas du pays, et qui est défunte depuis longtemps. Mais ce qui m'étonne, moi, c'est que ce vieux tire-liards de père Gaspard ait dépensé tant d'argent pour une nièce. Si on disait : c'est parce qu'il l'adore; mais il n'allait jamais la voir à sa pension.

TOUTES

C'est vrai.

SERPOLETTE

Et, quand tout à coup il l'en a retirée, il y a quatre ou cinq mois, ça été pour la bichonner ni plus ni moins que si c'était une princesse; tandis que la princesse, c'est peut-être moi que je la suis.

MANETTE

Toi !

TOUS

Ah ! ah ! ah ! ah !

SERPOLETTE

Et pourquoi pas?

RONDEAU

Dans ma mystérieuse histoire,
Tout me paraît surnaturel.
Et, d'abord, il serait à croire
Que j'suis vraiment tombé' du ciel.

J'avais deux ou trois jours à peine
Et, gentiment, je sommeillais,
Quand le pèr' Gaspard, dans la plaine,
Me trouva sur des serpolets.

Sans doute, il pensa, je l' présume,
Que j'étais la fille d'un roi;
Mais, comme j' n'avais pas de costume,
Je n'avais pas d' papiers sur moi.

A défaut d'acte de naissance,
Sur mon pays, sur mes parents,
J' n'avais pas assez d' connaissance
Pour lui donner des renseign'ments.

Mais l' père Gaspard, qui n'est pas bête,
Sans savoir comment que j' m'app'lais,
M'app'la tout bonnement Serpolette,
Vu qu' j'étais sur des serpolets.

Mais je me figure sans cese,
Depuis que j'ai l'âge de raison,
Que j'suis la fille d'une princesse
Et qu'on m'a volé mon blason.

Je vois des traîtres qui s'apprêtent
A m'enlever de mon palais,
Des conspirateurs qui me jettent
Sur mes parrains les serpolets.

Bref ! je n'suis rien; mais je suppose
Que j' suis quelqu'un. — A mon avis,
La preuv' même que j' puis êt' queuqu' chose
C'est qu' je n' sais pas du tout c' que j' suis.

Tout le monde doit reconnaître
Qu'on n' pouss' pas tout seul ici-bas,
Et qu' n'étant pas c' que j' parais être
J'puis être tout c' que je n'suis pas.

MANETTE

En attendant que tu sois reconnue princesse et pour en revenir à Germaine, je me suis laissé dire qu'il y avait une grosse anguille sous roche.

SERPOLETTE

Pardine, la grosse anguille, c'est le Bailli.

CATHERINE

C'est ça ! on dit que le père Gaspard veut la lui faire épouser.

(*Ici l'on voit paraître Gaspard et le Bailli*).

MARGUERITE

Et que Germaine ne veut pas de lui.

JEANNE

Mais ce que veut le père Gaspard...

SCÈNE IV

LES MÊMES, LE BAILLI, GASPARD

SERPOLETTE, *riant*

Ah ! ah ! ah ! ah ! en v'là un mariage qui fera du bruit dans Corneville. Un vieux vilain bonhomme comme le Bailli épouser une jeunesse de dix-neuf ans. Faut-y qu'il soit bête !...

LE BAILLI, *descendant*

Bête !

GASPARD, *idem*

Tonnerre !

TOUS

Le Bailli !...

GASPARD, *à Serpolette*

Comment, gredine, c'est toi qui oses... Attends, attends !

SERPOLETTE, *se sauvant*

Oh ! que nenni que je n'attends pas, et que vous n'avez plus le droit de me battre, maintenant qu'je suis libre !

GASPARD

Ah ! je n'ai plus c'droit-là ; eh ben, tu vas voir si je le prends.

SERPOLETTE, *qui s'est toujours fait un rempart des paysannes*

Ah ! vous voulez courir, père Gaspard, ça me va, j'ai d'bonnes jambes... (*Se sauvant.*) Allez-y !

GASPARD, *son bâton levé, courant après elle*

Ah ! coquine ! (*Ils disparaissent. — Les paysannes rient.*)

LE BAILLI

Silence, corbleu ! Que faites-vous ici, toutes ?

CATHERINE

Mais, Monsieur le Bailli...

LE BAILLI

Taisez-vous... Vous devez savoir qu'on se réunit au bailliage, et je ne vous vois prêtes ni les unes ni les autres.

JEANNE

C'est bon, on s'en va, Monsieur le Bailli.

MARGUERITE

Mais pas pour nous apprêter.

SUZANNE

Non, pour raconter ça à tout le pays.

GERTRUDE

Vot' servante, Monsieur le Bailli.

MANETTE, *bas aux autres*

C'est égal, il est arrivé à propos, le Bailli.

(Sortie générale.)

SCÈNE V

LE BAILLI, GASPARD

LE BAILLI

Bête, faut-y qu'il soit bête... Oh ! oui, elle avait bien raison.

GASPARD, *rentrant essoufflé*

Ah ! la misérable, mais je la rattraperai !

LE BAILLI

Empêcherez-vous les propos et ne sont-ils pas justifiés par la manière dont votre nièce elle-même vient de me traiter ?

GASPARD

Allez, allez, marchez, les jeunes filles sont toujours comme ça : elles disent « non » pour qu'on les force à dire « oui ». D'ailleurs, une supposition que ma nièce vous adorerait, est-ce que son innocence lui permettrait de vous le dire ?

LE BAILLI

Je n'exige pas qu'elle me dise qu'elle m'adore, mais elle dit qu'elle me déteste... Et vous savez le bruit qui court ?

GASPARD

Quel bruit donc, Monsieur le Bailli?

LE BAILLI

Ne faites donc pas l'ignorant; on dit que Germaine aime Jean Grenicheux.

GASPARD

Jean Grenicheux !... ah ! malheur... Jean Grenicheux, un propre-à-rien qui, de cocher qu'il était, quand y n'gagnait pas grand'chose, s'est fait pêcheur d'écrevisses pour ne plus rien gagner du tout. Jean Grenicheux, un vaurien qui n'pourrait pas tant seulement acheter la corde qui doit le pendre un jour.

LE BAILLI

C'est un vaurien, je vous l'accorde; mais il est jeune, il est gentil garçon, et puis il a sauvé la vie à votre nièce, et dame...

GASPARD

Une belle affaire. Un jour qu'au lieu de pêcher des écrevisses, il pêchait je ne sais quoi le long des côtes, en vue des rochers du Calvados, il aperçoit Germaine que j'avais envoyée en commission du côté de Courseulles; v'là que le pied lui glisse, à c'te jeunesse, et que de la falaise elle tombe dans la mer. Il était là tout porté, et, au lieu d'un poisson, c'est ma nièce qu'il a repêchée. Vous auriez fait ça, j'aurais fait ça, tout le monde aurait fait ça.

LE BAILLI

Tenez, maître Gaspard, quand j' pense à tout ce que vous avez fait d'puis trois mois pour m'amener où je suis...

GASPARD

Quoi donc qu' j'ai fait, Monsieur le Bailli?

LE BAILLI

Eh morbleu ! je puis être ridicule, mais je ne suis pas aveugle, et pour vouloir que j'épouse votre nièce, il a fallu...

GASPARD

Il a fallu?...

LE BAILLI

Je vais vous dire ce qu'il a fallu... Lorsqu'à mon arrivée à Corneville, où je venais remplacer votre ami Fabrice, l'ancien Bailli, je vous ai demandé des renseignements sur le château de nos anciens seigneurs, vous ne m'avez pas dit que le séquestre mis sur les propriétés du marquis avait été levé par le roi lui-même?

GASPARD, *à part*

D' quoi qu'y s' mêle?...

LE BAILLI

Et que voilà près de vingt ans que vous touchez des baux et que vous administrez, en votre nom, des terres qui ne vous appartiennent pas.

GASPARD

Et à qui donc qu'elles appartiennent?

LE BAILLI

A qui?

GASPARD

Au marquis? Eh ben! où est-il, notre bon seigneur? Si vous le savez, Monsieur le Bailli, rendez-moi le service de me le dire...

LE BAILLI

Oui, oui, vous espérez que le marquis ne reparaîtra pas, et c'est probable, car il avait plus de soixante ans quand il s'est sauvé de ce pays; mais il avait un petit-fils, et il pouvait avoir d'autres héritiers. Et si l'un deux venait vous redemander des comptes...

GASPARD

Eh ben! qu'ils viennent, qu'ils viennent donc, Jésus bon Dieu de la Miséricorde divine. Allez, allez, marchez, Monsieur le Bailli. C' qu'a fait le père Gaspard est honnêtement, loyalement et légalement fait. Quand nos seigneurs ont quitté le pays, en me laissant de pleins pouvoirs, les Espagnols et les Hollandais étaient à nos portes et j'étais resté seul pour défendre le bien de nos maîtres. Il y a vingt ans de cela. Eh bien ! qu'ils reparaissent, et leur château, leurs terres, l'argent de leurs fermages, avec les intérêts des intérêts, ils retrouveront tout !

LE BAILLI

Tant mieux s'il en est ainsi, et ce que vous me dites là va me déterminer à faire un grand acte d'autorité.

GASPARD

Vous allez faire un grand acte?

LE BAILLI

Je vais écrire à la prévôté pour faire ouvrir les portes de ce château maudit.

GASPARD

Juste ciel, vous voulez déchaîner sur le pays les fantômes qui sont là-dedans?... mais il y a du danger !

LE BAILLI

Oh ! je ne me fais pas plus brave que je ne suis, mais le danger, je m'en moque... moralement. Ce n'est que physiquement qu'il m'effraie; toutefois, je conviens que ce que j'ai vu, vu de mes propres yeux, m'a terrifié. Ce château des anciens marquis de Corneville, dont les portes sont fermées depuis si longtemps, ce château est habité, c'est incontestable.

GASPARD

S'il est habité !... Ah ! tenez, je ne suis pas un poltron, moi, Monsieur le Bailli. Les vieux du pays vous diront que ni les Hollandais, ni les Espagnols ne m'ont fait peur, et que, pas un instant dans ma vie, je n'ai reculé devant un danger. On vous dira même que lorsqu'une lumière est apparue pour la première fois aux croisées du château, on m'en a vu rire. A ceux qui parlaient des revenants, je répondais : Allons donc, c'est des farceurs ou de hardis coquins qui ont un intérêt à nous faire peur, et alors, à la tête des plus braves du pays, j'ai voulu chasser les bandits ou les mauvais plaisants, mais toutes les portes étaient fermées; personne depuis vingt ans n'avait pu pénétrer dans le château, ni par la place, ni par la rivière, ni par les portes, ni par les fenêtres; il faut que ceux qui l'habitent y viennent du ciel ou de l'enfer : alors j'ai eu peur, comme les autres... Oh ! votre idée n'est pas nouvelle; défunt l'ancien bailli voulait aussi prévenir la prévôté, mais les habitants du pays l'en ont empêché. Les esprits ne nous font pas de mal, n'cherchons donc pas à leur en faire. Ce serait trop gros jeu, ne faites pas ça, Monsieur le Bailli, ne faites pas ça !

LE BAILLI

Eh bien ! si ! je le ferai, et bien plus, quand je pense que moi, un homme chargé de représenter le pouvoir, je me suis laissé ensorceler par une charmeuse qui fait de moi un imbécile, un être ridicule; (*Répondant à une dénégation muette de Gaspard.*) oh ! je sais ce que je vaux; il y a des moments où je suis tenté d'aller ouvrir le château moi-même et tout seul, afin que les esprits m'emportent à tous les diables.

GASPARD

Voyons, voyons, Monsieur le Bailli, calmez-vous, c'est Germaine qui vous met dans cet état-là. Eh ben ! voyons, Germaine, ne l'épousez-vous pas dans trois jours? Sa robe de noce est prête.

LE BAILLI

Non, ne me parlez pas de cette sirène. (*Montrant le poteau.*) Tenez, voyez, si elle ne me fait pas tout oublier : la louée des servantes commence à midi je devrais être au bailliage, au marché...

GASPARD

Eh ben ! allons-y (*Ritournelle à l'orchestre*), et chemin faisant... Qu'est-ce que j'entends donc là?

LE BAILLI, *qui est remonté*

Jean Grenicheux.

GASPARD

Lui ! Partez, Monsieur le Bailli, je vais...

LE BAILLI

Vous allez me suivre. Une querelle, un scandale un jour de marché, y pensez-vous?...

GASPARD

C'est bon, je vous suis; mais quant à ce brigand-là, il faut que j' l'assomme ou que le diable en crève ! Ah ! c'est que je ne suis pas Normand pour rien, mé ! Allez, allez, marchez ! (*Ils sortent.*)

SCÈNE VI

JEAN GRENICHEUX, *seul*

(*Il entre par le fond en regardant de tous côtés, puis se posant au milieu et sans cesser de regarder à droite et à gauche, il chante au fond.*)

FANTAISIE

Va, petit mousse,
Où le vent te pousse,
Où te portent les flots, les flots;
Sur ton navire
Vogue ou chavire (*bis*)
Dans le fond des eaux.

(*Il descend en continuant le même jeu. On doit voir qu'il chante pour quelqu'un.*)

Entre le ciel et l'onde
Marchant vers l'horizon,
Ton navire est ton monde,
Ton pays, ta maison.
Va, va, petit mousse,
Vole où le vent te pousse,
Va, va, va, va, petit mousse, etc.
Peut-être qu'une reine
Te donnera sa main;
Peut-être une baleine
Te mangera demain.
Va, va, petit mousse,
Vole où le vent te pousse, etc.

Ah ! ben oui, c'est comme si je chantais... J'avais pourtant bien cru la voir et je roucoule pour la faire venir comme aut'fois, mais à présent j' crois qu' c'est ma voix qui la fait s'ensauver... Pourquoi ça? J' croyais pourtant joliment la tenir. J'avais si bien joué mon rôle... Ah ! dame ! c'est qu'elle est riche, la Germaine... Et puis, c'est la propre nièce de ce vieux brigand d'père Gaspard, et à qui reviendra tout l'argent qu'il entasse. Sans ça, j'aurais autant aimé Serpolette... Serpolette, voilà une jeunesse qui vous a de la conversation, c'est gai, ça aime à rire ! tandis que l'autre, avec ses grands airs !... M'a-t-elle rembarré la première fois que j'ai osé... (*Regardant à la cantonade.*) Ah ! qu'est-ce que je vois là?...

(*Il se cache derrière la fontaine; Germaine traverse à l'avant-scène en regardant de droite et de gauche.*)

SCÈNE VII

GERMAINE, GRENICHEUX

GERMAINE

Personne... il me semblait avoir entendu de ce côté. Ah ! pourvu que je ne rencontre pas... (*Elle va continuer son chemin, Grenicheux s'avance devant elle. Germaine, en l'apercevant, jette un cri.*)

GRENICHEUX

Ah ! pardon, faites excuse, mamz'elle... paraît que je vous fais peur, maintenant.

GERMAINE

Oui, je ne m'attendais pas... Je cherche mon oncle, que l'on demande à la ferme. Vous ne l'avez pas vu ?

GRENICHEUX

Non, mamz'elle.

GERMAINE

Alors, permettez-moi...

GRENICHEUX

Vous v'là déjà partie ?

GERMAINE

Mais, on attend mon oncle, et...

GRENICHEUX

Et c'est un bon motif pour me quitter.

GERMAINE

Vous quitter ?

GRENICHEUX

Pardine ! c'est naturel, un Bailli, ça vaut mieux qu'un pauvre diable de paysan comm' moi...

GERMAINE

Pourquoi me dites-vous ça ?

GRENICHEUX

C'est pas moi qui l' dis, c'est tout le monde.

GERMAINE

Tout le monde ?

GRENICHEUX

Votre mariage n'est-il pas annoncé pour dans trois jours, votre toilette de mariée n'est-elle pas toute prête ?

GERMAINE

Oui, mon mariage est annoncé et ma toilette est prête.

GRENICHEUX

Eh bien?...

GERMAINE

Eh bien ! vous devez savoir que je n'épouserai pas le Bailli.

GRENICHEUX

Mais si votre oncle Gaspard le veut ?

DUO

GERMAINE

I

Même sans consulter mon cœur,
Et même sans vous bien connaître,
Je vous ai dit, ce fut un tort peut-être,
Je ne serai jamais qu'à mon sauveur.
Et cette parole d'honneur,
Encore aujourd'hui je la donne.
Je jure de n'être à personne,
A personne qu'à mon sauveur.

ENSEMBLE

GRENICHEUX

Fidèle à la fois qu'elle donne,
Sans même consulter son cœur, son cœur ;
Elle n'épousera personne,
Non, personne que son sauveur.

GERMAINE

Cette parole je la donne,
Sans même consulter mon cœur, mon cœur
Je jure de n'être à personne,
A personne qu'à mon sauveur.

GRENICHEUX

A personne, mots superflus,
Voilà comment l'on me console...
Si vous m'aimiez...

GERMAINE

Que ferais-je de plus
Que de répéter ma parole?

II

Parole imprudente dont ma jeunesse
Peut-être aujourd'hui pourrait s'affranchir;
Mais quand on devrait blâmer ma promesse,
Je sais qu'à tout prix je dois la tenir.

GRENICHEUX

A tout prix, mamz'elle; en me parlant d'même,
Vous n' me rassurez que bien faiblement:
J'aurais attendu plus patiemment
Si vous m'aviez dit : Grenicheux, j' vous aime.

GERMAINE

C'est me demander beaucoup trop, hélas !
Car c'est un secret que je ne sais pas.

ENSEMBLE

GRENICHEUX

C'est lui demander beaucoup trop hélas !
Mais c' n'est pas d'mander ce qu'ell' ne sait pas.
Je crois qu'il serait dangereux
De la retenir ; car, sans doute,
L'affreux Gaspard, que je redoute,
Pourrait nous surprendre en ces lieux.

GERMAINE

C'est me demander beaucoup trop, hélas !
Car c'est un secret que je ne sais pas.
Oui, je combats tant que je peux ;
Car, je le sens j'ai tort sans doute,
Et cependant, plus je l'écoute
Plus mon serment m'est odieux.

GERMAINE, *descendant*

Ah ! mon Dieu, qu'est-ce que cela?

GRENICHEUX, *remontant*

Je ne sais pas... je ne vois qu'un groupe d'hommes et de femmes; mais on dirait... Ah ! oui, c'est quelqu'un que l'on entoure... Ah ! le drôle de costume !

SCÈNE VIII

LES MÊMES, HENRI, GERTRUDE, CATHERINE, JEANNE, MANETTE, SUZANNE, MARGUERITE, HOMMES et FEMMES.

(*Tout le monde entre, précédant et suivant Henri, dont le costume attire la curiosité générale.*)

HENRI, *au milieu, dans le fond*

Ah ! ça ! mes braves gens, quand vous aurez fini de me regarder, vous répondrez peut-être à mes questions. Si c'est mon costume qui vous étonne, sachez que j'arrive de l'autre monde.

TOUS, *reculant*

Un revenant !

HENRI

Mais non, le nouveau monde, l'Amérique, le Mexique, le Brésil; j'ai passé ma vie avec les sauvages.

MANETTE

Tiens, c'est donc vrai qu'il y en a?

HENRI, *lui caressant le menton*

Dans le nouveau monde, oui, ma charmante (*les regardant toutes*), mais en Normandie... (*Remontant.*) Bref ! je suis capitaine au long cours, et j'attends, en rade de Honfleur, mon brick et son équipage; or, maintenant que vous savez qui je suis, répondez, de grâce, à ce que je demande; dites-moi quelles sont ces tourelles qui s'élèvent là-bas, au-dessus de ces grands arbres?

GERMAINE, *qui était remontée*

Ces tourelles, c'est le château de Corneville.

HENRI

Merci, ma belle enfant. (*Fausse sortie.*)

GERMAINE, *l'arrêtant*

Oh ! n'y allez pas, Monsieur, n'y allez pas.

HEHRI

Pourquoi donc?

GERMAINE

Parce qu'il y a du danger à s'approcher du château.

HENRI

Il y a du danger.

GRENICHEUX

S'il y en a... Un château plein de revenants.

HENRI

Ah ! bah !

CATHERINE

Monsieur ne savait pas ça?

HENRI

Non, vraiment.

GRENICHEUX

Eh ben, alors, faut vous dire que v'là plus de vingt ans que le château est fermé, et que, malgré ça, il y a des nuits, l'on voit des lumières se promener devant les fenêtres.

HENRI

Ah ! l'on voit des lumières se promener...

TOUS, *en sourdine*

Oui.

GRENICHEUX

Et non seulement des lumières, mais des ombres qui passent et repassent derrière les rideaux...

HENRI, *riant*

Des ombres chinoises, alors.

GERMAINE

Oh ! certainement, il est permis de rire de nos frayeurs, et pourtant, c'est bien la vérité. Fermé depuis le départ de ses anciens maîtres, ce château n'avais jamais effrayé personne, lorsqu'il y a deux ans, à peu près, vous voyez que ce n'est pas bien vieux, juste au moment où l'on venait d'apprendre qu'un riche financier voulait en faire l'acquisition, les lumières sont apparues et les fantômes se sont montrés.

HENRI, *aux hommes, derrière*

Comment ! les gars du pays voient des lumières et

des ombres qui se promènent dans le château, et nul n'a le courage !... (*Apercevant le poteau.*) Ah ! mon Dieu, qu'est-ce que c'est encore ça?...

TOUTES, *effrayées*

Quoi donc?

HENRI

Ce poteau...

TOUTES

Comment, c'est ça...

HENRI, *lisant l'affiche*

« Marché de Corneville. Grande louée de servantes, cochers et domestiques ». La louée aux servantes, ah ! je me rappelle... Un marché qui a lieu deux fois par an et où les domestiques viennent avec des branches d'arbre à la main, les cochers avec leur fouet enroulé tour de leur cou, et les servantes, les plus jolies et les plus coquettes, avec de gros bouquets à leur côté.

TOUS

C'est cela.

HENRI

Oui, oui, une vieille coutume féodale encore en usage dans beaucoup de pays. Mais pour revenir au château... (*A Germaine.*) Vous parliez du départ de ses anciens maîtres. Pourquoi sont-ils partis et que sont-ils devenus?

GERMAINE

C'est encore un autre mystère. On raconte que, sous prétexte de faire de la Normandie un Etat indépendant, un aventurier avait résolu de livrer Quillebœuf aux étrangers. Le vieux marquis de Corneville, qui vivait seul au château, avec son petit-fils — un enfant, — trompé par de faux rapports et croyant agir dans l'intérêt du pays, se rendit à Quillebœuf. Il fut poursuivi comme faisant partie du complot, mais il trouva l'occasion de s'embarquer avec son petit-fils, et, depuis, jamais on n'entendit plus parler d'eux.

HENRI

Depuis vingt ans?

GERTRUDE

Mais un sorcier du pays a prédit que le petit-fils reviendrait chasser les fantômes de son château.

CATHERINE

Oui, et que nous en serions avertis par les cloches de Corneville.

HENRI

Qu'est-ce que les cloches de Corneville?

GERMAINE

Des cloches que beaucoup de nous n'ont jamais entendues, car elles n'ont pas sonné depuis vingt ans.

HENRI

Et elles doivent annoncer le retour du jeune marquis?

JEANNE

C'est un sorcier qui a dit ça.

MANETTE

Même que c'est devenu la légende du pays.

HENRI

Il y a aussi une légende... Oh ! mais c'est charmant et je veux la connaître.

SUZANNE

Qui est-ce qui la sait?

GRENICHEUX

Germaine.

TOUS, *la désignant*

Oui, Germaine ! Germaine !

GERMAINE

Moi... mais...

HENRI

Ah ! je vous en prie, Mademoiselle, ne refusez pas.

GERMAINE

Soit, voici la légende :

LÉGENDE DES CLOCHES

I

Nous avons, hélas ! perdu d'excellents maîtres,
Et les revenants qui troublent notre esprit,
De nos bons seigneurs sont les nobles ancêtres
Qui, dans le château, ressuscitent la nuit.
Ils voudraient revoir leurs héritiers peut-être,
Et quand de l'exil nos maîtres reviendront,
Par un revenant de garde à la fenêtre,
On dit qu'à l'instant les cloches sonneront.

TOUS

On dit qu'à l'instant les cloches sonneront.

GERMAINE

Digue, digue, digue, digue, digue don,
Sonne, sonne, sonne, sonne, sonne donc !
Digue, digue, digue, digue, digue don,
Sonne, sonne donc, joyeux carillon !

(*Reprise du refrain en chœur.*)

GERMAINE

Il ne sonnait pas aux jours de nos défaites,
Il ne sonnait pas dans des temps malheureux,
Mais comme il sonnait aux jours de grandes fêtes
Ou quand s'unissaient deux jeunes amoureux !
Depuis qu'il se tait, la ville est moins joyeuse,
Depuis qu'il se tait, s'éloignent les amours.
Le château nous cause une frayeur affreuse,
Et voilà pourquoi nous répétons toujours :

TOUS

Et voilà pourquoi nous répétons toujours :

GERMAINE

Digue, digue don, etc.

HENRI, *à part*

Charmante voix et ravissante jeune fille !... (*Haut.*) Je ne sais comment vous remercier, Mademoiselle.

(*Ici, de très grandes clameurs retentissent à gauche.*)

GRENICHEUX, *dans le fond*

Ah ! quelle foule du côté du bailliage !

GERTRUDE

C'est le cortège qui se forme...

HENRI

Est-ce qu'il y a marché aujourd'hui?

MANETTE

J'crois ben, et un beau encore !

TOUS

Au bailliage !

(*La sortie commence.*)

CATHERINE

Venez-vous, mamz'elle Germaine?

GERMAINE

Non, il est trop tard, je retourne à la ferme. (*Elle sort.*)

HENRI, *à part*

Germaine !...

GRENICHEUX, *à part*

A la ferme... Si, pendant que tout le monde est au bailliage, je pouvais... Essayons encore... (*Il suit Germaine.*)

SCÈNE IX

HENRI, *seul et regardant du côté où est sortie Germaine*

Décidément, elle est ravissante... Mais ce qu'elle vient de m'apprendre... Diable ! des fantômes qui habitent mon château, et l'un de ces fantômes est de garde à l'une des fenêtres pour faire sonner les cloches à mon arrivée... Voilà un fantôme qui fait assez mal son service, et je me promets d'aller le lui dire. Singulière chose que la vie. Voilà deux fois que je reviens dans mon pays, et chaque fois une aventure romanesque m'y attend. Obligé de me rendre en Angleterre, il y a six semaines, je monte dans une embarcation que conduisaient quatre de mes matelots et je longeais la côte normande, heureux de la reconnaître encore, quand, tout à coup, je vois une jeune fille tomber du haut de la falaise et qui, bien certainement, se serait noyée si je ne m'étais dévoué à son salut; mais je ne pouvais m'attarder, le navire s'éloignait, les matelots qui m'accompagnaient poussaient des cris de détresse et je n'eus que le temps de remettre cette jeune fille aux mains d'un rustre, d'un pêcheur qui se trouvait là fort heureusement. Ah ! je ne l'ai tenue qu'un instant entre mes bras, je n'ai même pas entrevu son visage, car en sortant de l'eau ses longs cheveux la voilaient entièrement. Eh ! bien de toutes mes aventures, c'est la seule dont le souvenir ne m'ait pas quitté.

GRAND AIR

J'ai fait trois fois le tour du monde,
Et les dangers font mon bonheur.
J'aime le ciel, quand le ciel gronde,
La mer, quand elle est en fureur.
J'ai fait trois fois le tour du monde
Et les dangers font mon bonheur.

Dans mes voyages,
Combien d'orages,
Que de naufrages !
Mais, en retour,
Au sein des fêtes,
Que de conquêtes,
Que d'amourettes
Sans amour.
Italiennes,
Circassiennes,
Algériennes,

Chaque pays
M'en devait une,
Ou blonde, ou brune,
Et, de chacune
J'étais épris.
Toujours de même,
Le croyant même,
J'ai dit : je t'aime !
A des vertus
Dont la victoire
Faisait ma gloire,
Et ma mémoire
Ne les voit plus.
C'est qu'une belle
Me rend fidèle,
Et me rappelle
Toujours, hélas !
La bienvenue,
Cette inconnue,
Que j'ai tenue
Entre mes bras.
Ville chérie,
O ma patrie,
Fais, je t'en prie,
Parler les flots.
Et qu'on me rende
Cette Normande
Que je demande
A tes échos.
Pour la connaître,
La voir renaître
Et m'apparaître
Sortant des flots,
Tout m'est facile,
Fût-il utile
De braver mille
Dangers nouveaux.

Mais, en attendant le marché qui va m'être très utile, car j'ai tout un château à peupler de domestiques, et aussi en attendant mes braves matelots qui m'aideront à déloger les fantômes, si j'allais flâner un peu du côté des tourelles de mon vieux manoir? (*Grand bruit à droite, au fond.*) Eh ! mais qu'arrive-t-il? (*Regardant.*) Une dispute, un bailli, des hommes qui se battent, c'est leur affaire; pensons aux miennes.

(*Il sort par la gauche.*)

(*Ici, sur une forte ritournelle, le bruit continue à droite, tandis qu'on voit venir par la gauche Catherine, Gertrude, Jeanne et Manette accompagnées de quelques curieux qui acccourent au bruit; puis, tout à coup, survient, par la droite, Gaspard, Grenicheux, le Bailli, Germaine, Serpolette et plusieurs garçons de ferme. Gaspard tient Grenicheux au collet, le Bailli suit Germaine éplorée, Serpolette semble furieuse.*)

LE CHŒUR

C'est affreux !
Odieux !
Sans se cacher davantage,
La veille d'un mariage,
Seule avec un amoureux,
C'est affreux !

GASPARD, *entrant avec Grenicheux*

Ah ! je t'étranglerai.

SERPOLETTE

C'est ça, c'est ça,
Etranglez-le, ce gredin-là.

GERMAINE

De grâce, écoutez-moi !

GASPARD, *lâchant Grenicheux*

Drôlesse !
Ah ! tu vas recevoir...

(*Il étend le bras pour la battre et soufflette le Bailli, qui se trouve à portée de sa main.*)

LE BAILLI

Oh ! là !

GASPARD

Pardon !

LE BAILLI

Que veut dire cela?

GASPARD

Mon soufflet s'est trompé d'adresse.

SERPOLETTE, *au Bailli*

C'est moi qui les ai vus, là-bas, dans les guérets.
Ce monstre serrait de très près
Votre future qu'il reluque.

LE BAILLI, *aux paysans*

Qu'on s'empare de ce garçon
Et qu'on le conduise en prison !

GRENICHEUX, *faisant voltiger la perruque du Bailli*

Et vous, courez après votre perruque.

TOUS, *parlé*

Oh !

LE BAILLI, *idem*

Ma perruque !

CHŒUR GÉNÉRAL

Ciel ! oser s'attaquer ainsi
A la perruque d'un Bailli;
Chercher à séduire sa femme
Et puis le décoiffer ainsi,
C'est affreux ! c'est infâme !
Courons après lui !

(*Le désordre est à son comble. Gaspard court de Grenicheux à sa nièce, Grenicheux se sauve du côté du bailliage, Germaine du côté de la ferme. Gaspard et le Bailli suivent Germaine. La foule restée en scène rit à cœur-joie. Un rideau de manœuvre baisse. On frappe les trois coups. L'orchestre continue, et quand le rideau se lève, on est sur le marché de Corneville. Au fond, un poteau avec :* SERVANTES; *un deuxième poteau à gauche, sur lequel on lit :* COCHERS; *un troisième, à droite portant :* DOMESTIQUES. *A ces trois poteaux, des banderolles aux couleurs et aux armes du pays; dans le bas, entourant ces poteaux, une bar-*

rière, fermant le marché, et qui doit s'ouvrir au milieu et des deux côtés. — Au fond, la ville. — Aux pieds des trois poteaux se trouvent trois chaises et trois tables; sur les tables, trois pupitres.)

DEUXIÈME TABLEAU

SCÈNE PREMIÈRE

GRENICHEUX, *arrivant tout essoufflé*

Ouf ! traqué de toutes parts, poursuivi comme un chien enragé, si l'on me prend, et si je tombe dans les mains de Gaspard, il m'étrangle comme un canard... Fuir, quitter le pays, comment ? Où aller ?... (*Regardant autour de lui.*) Tiens, je suis sur la place du marché... le marché... Ah ! si je trouvais à m'engager...

COUPLETS

I

Je ne sais comment faire
Pour me tirer d'affaire,
Car j'ai pour ennemis
Deux maîtres du pays.
Je le pourrais peut-être,
Mais, d'un troisième maître,
Il faudrait m' dépêcher
De d'venir le cocher.
Mais r'noncer à Germaine,
Me remettre à la chaîne,
Cocher ! miséricorde !
  Ça m' coûte beaucoup,
Mais ça vaut mieux qu' la corde,
  Qu' la corde au cou !

II

Au marché d' Corneville
S'engager est facile,
Et quand on l'est une fois
On peut, pendant six mois,
Se moquer d' la justice.
Pour peu que je réussisse,
J'braverai dès aujourd'hui
Gaspard et le Bailli.

Mais pour que je les brave
Faut qu' je redevienne esclave.
Cocher ! miséricorde !
Ça m'coûte beaucoup,
Mais ça vaut mieux qu' la corde,
Qu' la corde au cou !

(*Après ces couplets, on entend au dehors le bruit de plusieurs voix en colère*).

GRENICHEUX, *se cachant*

Hein ! qu'est-ce que c'est encore que ça?...

SCÈNE II

GRENICHEUX, GERTRUDE, JEANNE, MANETTE, CATHERINE, SUZANNE et MARGUERITE, *en habils de fête, mais sans les ornements qu'elles doivent avoir au marché.*

GERTRUDE, *aux jeunes filles*

Il s'en va passer de belles !

JEANNE

C'est révoltant !

MANETTE

Oui, révoltant, pauvre Germaine !

GRENICHEUX, *se montrant*

Germaine...

TOUTES

Grenicheux !

GERTRUDE

T'oses te r'montrer, toi?

GRENICHEUX

Ne me trahissez pas et dites-moi ce qui se passe.

MANETTE

Des infamies. On dit que, rentré à la ferme, Gaspard était une vraie bête fauve.

JEANNE

Il voulait étrangler Germaine.

GRENICHEUX

Oh !

SUZANNE

Il a fallu se mettre à six pour le retenir.

CATHERINE

Et, encore, a-t-on été obligé d'enfermer Germaine dans sa chambre.

GRENICHEUX

Et le Bailli?

MANETTE

Le Bailli, on l'a cherché partout et on ne l'a retrouvé nulle part.

MARGUERITE

On pense qu'il s'est rendu à la prévôté.

GRENICHEUX

Eh ! me v'là dans de beaux draps.

LE TABELLION, *au dehors*

Par ici, allons, dépêchons !

CATHERINE

Le tabellion !

GERTRUDE

Et le marché que nous oublions.

GRENICHEUX, *à part*

Le marché, oui, je n'ai plus que ce moyen-là.

(*Il sort par l'un des côtés.*)

MANETTE

Vite, vite, allons prendre nos bouquets.

SCÈNE III

SIX JEUNES FILLES; LE TABELLION, GRIPPARDIN et FOUINARD. (*Chacun porte un registre sous le bras.*)

LE TABELLION, *entrant et apercevant les jeunes filles*

Comment, des retardataires !

JEANNE

Est-ce que le cortège se forme?

FOUINARD

Le cortège, il est en route.

CATHERINE

Ah ! mon Dieu !

MANETTE

Courons bien vite ! (*Elles sortent en courant.*)

LE TABELLION

Une volée de tourterelles...

FOUINARD

Que ne suis-je leur tourtereau !

GRIPPARNIN

Ah ! Fouinard, un homme de robe...

FOUINARD

C'est à cause de ça.

LE TABELLION

Mais ce Bailli, où se cache-t-il? Vous verrez que comme au dernier marché, c'est sur moi que tout va retomber... Enfin... préparons-nous toujours... Les trois registres, sur les trois tables.

FOUINARD, *arrivant à la table de gauche où l'a précédé Grippardin*

Voilà encore que vous prenez ma place.

GRIPPARDIN

Comment ! votre place ? c'est la mienne.

FOUINARD

Du tout, ma place est à gauche, ôtez-vous de là.

GRIPPARDIN

Où prenez-vous votre gauche ?

FOUINARD, *embarrassé, regardant ses deux bras*

Ma gauche, ma gauche, la voilà.

GRIPPARDIN

La voilà si vous regardez devant vous, mais tournez-vous le dos.

FOUINARD

Comment, que je me tourne le dos ?

GRIPPARDIN

Regardez derrière vous...

FOUINARD, *se retournant*

Ah !

GRIPPARDIN

Eh bien ?

FOUINARD

C'est vrai, la gauche change de côté. Pardon. (*Il va se mettre à la table à la droite de l'acteur.*)

LE TABELLION, *qui avait passé la barrière et était même un peu sorti de scène*

Voilà le cortège, fermons les barrières.

GRIPPARDIN

Décidément, le Bailli ne paraîtra pas.

LE TABELLION

Je prends sa place, prenez les vôtres, Messieurs.

(*Ils vont se placer sur les trois chaises devant les trois poteaux*).

SCÈNE IV

LES MÊMES, GRENICHEUX, SERPOLETTE, LE CORTÈGE, ensuite HENRI, ensuite LE BAILLI, GASPARD et GERMAINE, *en pêcheuse*

(*Le cortège défile ainsi : un garde champêtre, une masse de bourgeois et bourgeoises en costumes normands, types grotesques. Une dizaine de domestiques en livrée, portant tous un rameau à la main. Une douzaine de servantes, à la tête desquelles est Serpolette, toutes endimanchées. Gertrude, Jeanne, Manette et Catherine idem, toutes portant un gros bouquet au côté. Une dizaine de cochers, tous en livrée et portant leur fouet en bandoulière. En tête des cochers, Grenicheux, puis encore des bourgeois et des bourgeoises normands; enfin, le second garde champêtre. Tous défilent le long des barrières qui ont été fermées, et sur le chœur suivant :*)

CHŒUR

MARCHE VILLAGEOISE

Sur le marché de Corneville,
Vous pouvez / Nous pouvons } à des prix fort doux
Trouver l'agréable et l'utile,
Donc à ce marché { rendez-vous. / rendons-nous.

LE TABELLION

Ouvrez !

(*L'un des clercs ouvre la barrière de droite.*)

LES DOMESTIQUES, *descendant et se plaçant sur une ligne horizontale*

Nous sommes les domestiques
Les meilleurs, les plus adroits,
Et les plus économiques,
Les plus soumis à la fois.
Ne lisant jamais les lettres,
Nous sommes, en vérité,
Pleins de respect pour les maîtres
Qui font notre volonté.

LE TABELLION

Ouvrez !

(Le second clerc ouvre la barrière de gauche et les cochers descendent comme ont fait les domestiques. Ceux-ci se rangent à droite.)

LES COCHERS, *descendant*

Clic ! clac ! en voiture,
Fouett', fouette, cocher,
Clic ! clac ! approchez;
Choisissez à l'aventure,
Voici, messieurs, les cochers.
En dépit du temps qu'il fait,
Par les chemins de traverse,
Jamais un de nous ne verse,
Ne verse qu'au cabaret.

LE TABELLION, *ouvrant la barrière du milieu*

Entrez, jeunes filles.

(Les servantes descendent au milieu, pendant que les cochers remontent comme ont fait les domestiques.)

SERPOLETTE

COUPLETS

I

Vous qui voulez des servantes,
Soumises, obéissantes,
Approchez-vous,

TOUTES

Approchez-vous.

SERPOLETTE

En v'là des brunes et des blondes,
En v'là des minces et des rondes,
Y en a pour tous les goûts.

TOUTES

Y en a pour tous les goûts.

SERPOLETTE

R'gardez par-ci, r'gardez par-là,
Que dites-vous de tout cela?
Voyez ceci, voyez cela,
Comment trouvez-vous cela?

TOUTES

R'gardez par-ci, r'gardez par-là, etc.

SERPOLETTE

II

Nous sommes fraîches et roses
Nous savons beaucoup de choses
Qu' nous apprenons.

TOUTES

Qu' nous apprenons.

SERPOLETTE

Et pour contenter notre maître,
Nous ne demandons qu'à connaître
Ce que nous ignorons.

TOUTES

Ce que nous ignorons.

SERPOLETTE

R'gardez par-ci, r'gardez par-là,
Que dites-vous de tout cela?
Voyez ceci, voyez cela,
Comment trouvez-vous cela?

TOUTES

R'gardez par-ci..., etc.

REPRISE DES TROIS CHŒURS

Nous sommes les domestiques, etc.
Clic, clac ! en voiture... etc.
R'gardez par-ci, etc.

LE TABELLION

Bourgeois, bourgeoises, cochers, domestiques et servantes, quand s'ouvre le marché de Corneville, nous devons, en l'absence de M. le Bailli, rappeler à chacun de vous que c'est en vertu de la plus vieille de nos coutumes, d'une coutume qui, depuis les premiers temps de la féodalité, a conservé force de loi, — vous entendez : force de loi ! — nous devons, dis-je, rappeler ou apprendre à ceux qui l'ignorent que toutes les personnes inscrites sur l'un de ces trois registres, soit comme cocher, domestique ou servante, appartiendront pour six mois aux personnes qui auront accepté leurs services aux prix et conditions stipulés à l'avance sur chacun de ces registres. Rien ne peut donc rompre ces traités librement consentis, pas plus l'autorité des parents que les autorités des cantons.

HENRI, *entrant*

Le marché ! diable ! je suis en retard.

LE TABELLION

Ah ! un dernier mot : les trois registres déposés depuis un mois au bailliage resteront ouverts pendant tout le temps du marché, qui dure quatre heures; donc, les retardataires pourront s'inscrire ou se faire inscrire, jusqu'au dernier moment ! Le marché est ouvert !

FINALE

HENRI

Jeune fille, dis-moi ton nom.

SERPOLETTE

Mon nom : Serpolette.

HENRI

C'est bon.
Je te choisis.

SERPOLETTE

Signez sans crainte.

HENRI, *écrivant sur le registre*

Va donc pour Serpolette.

SERPOLETTE

Enfin, je suis retinte.

HENRI, *redescendant*

Mais un cocher m'est nécessaire.
Ah ! celui-là.
(*Allant à Grenicheux*).
Ton nom?

GRENICHEUX

Jean Grenicheux.

SERPOLETTE, *à part*

Chez le même maître, tous deux, tous deux,
C'est bon, c'est bon, voilà qui fait mon affaire.

HENRI

Va donc pour Grenicheux.

GRENICHEUX

Merci !

(*A part, en remontant*).

Maintenant pour six mois, je brave le Bailli.

(*Ici, grand* forte *d'orchestre.*)

LE TABELLION, *parlé*

Qu'est-ce donc?

LE CHŒUR, *au fond*

C'est Gaspard, d'humeur furibonde,
Qui bouscule tout le monde.

(*Ici, toute la foule qui remontait redescend. Le reflux a pour motif l'entrée de Gaspard, arrivant comme un fou dans le plus grand désordre et la plus grande fureur.*)

GASPARD

Germaine était enfermée,
Et bien sûr de la tenir,
Ma rage s'était calmée.
Mais elle vient de s'enfuir.

(*Courant de groupe en groupe.*)

Est-ce ici qu'on me la cache?
Mes ennemis sont nombreux,
Mais il faut qu'on le sache,
Seul, je lutterai contre eux.
Car ma fureur est extrême,
Et dussé-je, voyez-vous,
Etre massacré moi-même,
Je veux les massacrer tous.

(*Il sort en courant, tout le monde remonte.*)

HENRI

Ah ! le vilain bonhomme.

SERPOLETTE, *remontant*

Il rage et je jubile.

GRENICHEUX, *à part*

S'il m'avait aperçu, quelle pile !

(*Pendant tout ce qui va suivre, servantes, cochers, domestiques se rangent le long de la barrière, et les acheteurs se promènent en examinant; à chaque instant, un bourgeois ou une bourgeoise amène un serviteur ou une servante signer sur l'un des registres. Tout cela se fait pendant ce qui suit.*)

GERMAINE, *qui est rentrée en se faufilant après la sortie de son oncle et qui, sous son costume nouveau, avec le bouquet au côté, comme les autres servantes, semble être du marché.*

Il est parti.
Germaine, du courage,
Demain, demain, j'épouse le Bailli !
Non, cent fois non, plutôt l'esclavage,
Mais sans dévoiler mon secret,
Comment, fidèle à la coutume,
Me proposer?

HENRI *qui depuis longtemps l'examine*

Le singulier costume.

GERMAINE, *l'apercevant*

Le capitaine ! Ah ! s'il me reconnait !

HENRI

(*Air des servantes.*)

Cette fille, quelle est-elle?

(*A Germaine.*)

Quoi ! vous vous cachez, la belle?

GERMAINE, *à part*

Que dire? hélas !

HENRI

Ne tremblez pas.
Est-il une seule servante
Qui, pour s'engager, ne se vante
De ses moindres attraits?

GERMAINE

Ah ! oui... je sais, je sais :
(Avec embarras.)
R'gardez par-ci, r'gardez par-là, } *bis.*
Que dites-vous de tout cela? }

HENRI

Ah ! vous êtes Germaine !

GERMAINE

Silence ! capitaine.

HENRI

Du pays, je connais la loi.
Venez, vous n'avez plus d'autre maître que moi.
(Il l'entraîne au fond, et tous deux on les voit signer sur le registre.)

GASPARD, *rentrant en tapinois*

Non, ce n'est plus sur la route
Bien sûr, qu'il fallait la chercher.
Dans cette foule, sans doute,
Elle doit encor se cacher.

SERPOLETTE

Ah ! qu'est-c' que j'vois ! c'est Germaine en bergère.

GASPARD

Germaine ! Ah ! je te tiens.

HENRI, *le repoussant*

Arrière !
Germaine est ma servante.

GASPARD

Elle est ma nièce, à moi.

LE TABELLION

Silence ! et respect à la loi.

HENRI

Oui, partout, quand sur la terre,
La loi parle, il faut se taire;
Ici, le maître c'est moi.
Et malgré sa rage extrême,
Je saurai fort bien moi-même
Imposer ma loi suprême
Sans le secours d'autre loi.

(Sur la reprise en chœur, Henri et Germaine gagnent une des barrières. Gaspard veut les suivre, les gardes champêtres s'interposent; tableau.)

ACTE DEUXIÈME

Le théâtre représente une salle du château de Corneville. A l'avant-scène, côté gauche du spectateur, deux grandes fenêtres cachées par des rideaux en tapisserie. En face, côté droit, tout à fait à l'avant-scène, une petite porte pratiquée dans une boiserie. De chaque côté, des girandoles sur lesquelles sont plantées cinq ou six chandelles au tiers consumées. Au-dessus de tout cela, deux grandes baies donnant : celle de droite, sur une galerie qui conduit au dehors, du côté de la rivière; celle de gauche donnant sur une autre galerie qui conduit dans les autres pièces du château. Près des fenêtres et de la galerie de gauche, au fond, un guerrier bardé de fer, monté sur un chariot roulant. En scène, table et sièges de l'époque; une tapisserie représentant une chasse du temps de Henri II ferme cette décoration.

Lorsque la tapisserie s'écarte, on aperçoit une seconde salle, mais une salle envahie par la poussière et les toiles d'araignées. Dans cette salle, qui va jusqu'au bout du théâtre, de chaque côté, quatre piédestaux surmontés de guerriers bardés de fer. Le premier piédestal à gauche a perdu son guerrier. C'est celui qui se trouve en scène dans la première salle, au lever du rideau, monté sur un chariot.

SCÈNE PREMIÈRE

CACHALOT, MATELOTS tenant des torches à la main, HENRI, GERMAINE, puis GRENICHEUX, ensuite SERPOLETTE, ensuite LE BAILLI.

Au lever du rideau, la scène est vide et dans une obscurité complète; pendant un instant, une ritournelle lugubre et presque fantastique ajoute à la tristesse du lieu. Mais bientôt la ritournelle s'anime, des rumeurs se font entendre, et, enfin, le théâtre s'éclaire tout à fait à l'entrée des personnages par la galerie à droite du spectateur.

CHŒUR

A la lueur de ces flambeaux,
Parcourons ces demeures sombres.
Allons, mousses et matelots,
De ce château chassons les ombres,
A la lueur de ces flambeaux.

HENRI, *entrant par la même galerie, avec Germaine et d'autres matelots*

Oui, c'est par là, par cette galerie,
Que, sans sorcellerie,
Nos fantômes viennent ici.
Vous le voyez, dans cette salle aussi,
Rien de changé. Ciel ! qu'avez-vous, Germaine?

GERMAINE

Je tremble... mais je vous suivrai,
Partout où vous irez, j'irai.

HENRI

A mes côtés, soyez certaine
Que rien n'est à craindre pour vous.
Venez. On fuira devant nous.

REPRISE

A la lueur de ces flambeaux, etc.

(*Tous sortent par la galerie de gauche. Pendant ce qui précède, les matelots ont apporté des flambeaux qu'ils ont déposés sur la table, de sorte que le jour continue à leur sortie.*)

GRENICHEUX, *dans la coulisse*

Au secours! Voulez-vous me lâcher!

LES MATELOTS

Ah ! tu marcheras.

GRENICHEUX, *poussé en scène par les matelots*

Oh ! là là ! là là !

SERPOLETTE, *en dehors*

Grâce, grâce, Messieurs les matelots !

LES MATELOTS, *entrant avec elle*

Désespérés, la belle enfant, mais il faut nous suivre.

SERPOLETTE, *épouvantée*

Ah ! le château ! le château !

LE BAILLI, *en dehors*

Non, non, je ne marcherai pas.

CACHALOT, *suivi d'autres marins*

Ah ! mille tonnerres, c'est ce que nous verrons.

LE BAILLI, *poussé par lui et entrant*

Au secours, à moi !

CACHALOT

Silence ! tonnerre ! et qu'on ne bouge plus ! vous, les amis, suivez-moi. Ces poltrons ne peuvent sortir et le capitaine nous attend. (*Les marins sortent en riant.*)

SCÈNE II

GRENICHEUX, SERPOLETTE, LE BAILLI

GRENICHEUX

Fermons les yeux !

LE BAILLI, *les yeux fermés*

Fermons les yeux !

SERPOLETTE

Regarder, non, je n'ose.
Ici, peut-on voir quelque chose,
Sans voir quelque chose d'affreux?

TOUS TROIS

Fermons les yeux ! fermons les yeux !

(*Tout en parlant les yeux fermés, ils se sont rapprochés; ils se touchent en même temps et jettent à la fois un grand cri.*)

Ah ! ! !

(*Tombant tous les trois à genoux.*)

GRENICHEUX

Que vois-je?

LE BAILLI

En croirais-je mes yeux?

SERPOLETTE

Ma surprise est complète;
L'ombre de Grenicheux !

LE BAILLI

L'ombre de Serpolette !

GRENICHEUX

L'ombre de Monsieur le Bailli !

LE BAILLI

Eh quoi ! nos trois ombres ici.

SERPOLETTE, *se relevant*

Mais non, mais non, je ne suis pas une ombre.

LE BAILLI, *idem*

Ni moi non plus !

GRENICHEUX, *idem*

Ni moi non plus !

ENSEMBLE

Calmons nos esprits éperdus...

SERPOLETTE

COUPLETS

I

Pristi ! sapristi ! montons-nous la tête !
Car on peut mourir d' la peur de mourir,
Et mourir de peur, ce serait trop bête,
Quand on peut mourir d' bonheur et d' plaisir;
Cent fois au pays, on a pu voir comme
Je me défendais contre un séducteur. (*bis*)
Eh quoi ! j'aurais peur de l'ombre d'un homme,
Quand un homme entier ne me fait pas peur?

TOUS

Peut-elle avoir peur de l'ombre d'un homme,
Quand un homme entier ne lui fait pas peur?

II

Tous les revenants qui, par les nuits sombres,
Se promèneraient dans ce noir séjour,
Ne pourraient jamais être que des ombres,
Et je me souviens que, surprise un jour,
Contre des soldats de mœurs trop galantes,
Je m' suis défendu', parole d'honneur ! (*bis*)
Et puis-je avoir peur d'ombres innocentes,
Quand un régiment ne me fait pas peur?

TOUS

Peut-elle avoir peur d'ombres innocentes,
Quand un régiment ne lui fait pas peur?

HENRI, *en dehors*

Sentinelles, veillez!

TOUS LES TROIS, *tombant à plat ventre*

Ah ! les fantômes!

SCÈNE III

LES MÊMES, HENRI, GERMAINE, CACHALOT

TOUS LES MARINS

(Ils reviennent par la gauche en entourant deux des leurs, couverts de poussière des pieds à la tête; tous les autres personnages reviennent aussi en secouant la poussière qui les couvre.)

TOUS LES MATELOTS, *riant de leurs camarades*

Ah ! ah ! ah ! ah !

HENRI, *aux deux marins*

Ah ! mon pauvre Rup ! Ah ! mon pauvre Binther, courez bien vite à la rivière. Vous avez grand besoin d'un bain.

L'UN DES DEUX MARINS

Et d'un bon verre de schnick.

HENRI

Prenez l'un et l'autre.

CACHALOT

Quelle poussière !

HENRI

Vous le voyez, impossible de pénétrer dans ces galeries. Il est certain que personne n'est allé plus loin que cette salle, et cette salle est la première en arrivant du côté de la rivière.

GERMAINE, *apercevant le Bailli, Grenicheux et Serpolette*
Ah ! mon Dieu ! qu'est-ce que cela?

CACHALOT
Les trois poltrons qui ne voulaient pas nous suivre.

HENRI
Qu'on relève les deux hommes à coup d'étrivières !

LE BAILLI ET GRENICHEUX, *se relevant*
Grâce !... Pitié !

SERPOLETTE
Ah ! Germaine !

GERMAINE
Serpolette !

LE BAILLI, GRENICHEUX
Germaine !...

HENRI
Oui, Germaine, une brave jeune fille; elle ne nous a pas quittés.

GERMAINE
Oh ! Monseigneur, je n'en suis pas plus brave pour ça, car je tremblais bien fort en entrant par cette galerie souterraine dans le château dont on nous faisait si peur !

COUPLETS

I

Ne parlez pas de mon courage,
Car j'avais peur, j'avais bien peur !
Ce que je craignais davantage,
C'était ce château, Monseigneur !
Mais je croyais qu'en ce domaine,
Vous menaçait un grand danger
Que, moi, je devais partager;
Et je me disais : Va, Germaine !

II

Quand, par mon oncle poursuivie,
Vainement, je fuyais, hélas !
Pour me sauver plus que la vie
Le Ciel avait conduit vos pas;

Aussi, marchant vers ce domaine,
Pour y partager votre sort,
Je croyais marcher à la mort !
Et je me disais : Va, Germaine !

HENRI

A ce propos, nos compliments, Monsieur le Bailli. Quoi, c'est ainsi qu'en mon absence vous veillez sur mon château?

LE BAILLI

Votre château? Qui donc êtes-vous?

HENRI

Henri de Corneville !

LE BAILLI

Il se pourrait !

SERPOLETTE

Le seigneur !

HENRI, *au Bailli*

Comment, Monsieur, il court sur ce domaine des bruits ridicules? Vous savez que de mauvais plaisants des malfaiteurs, peut-être, s'introduisent ici, et, par lâcheté, vous vous faites leur complice?

LE BAILLI

Leur complice, moi?

HENRI

Que faisiez-vous dans la campagne, à une lieue d'ici, quand nous vous avons arrêté?

LE BAILLI

COUPLETS

I

J'avais perdu la tête et ma perruque,
Ma fiancée et toute dignité;
Il était temps de dérober ma nuque
Aux quolibets d'une ville en gaîté.
Par tout le monde apostrophé,
J'entendais dire à la foule incivile,
En me voyant ainsi coiffé (*bis*) :
C'est un mari de Corneville.

II

Je n'osais pas retourner au bailliage,
Je n'osais plus me montrer nulle part,
J'étais à bout de force et de courage,
Quand vous m'avez rencontré par hasard;
Et j'entendais tous les échos .
Qui m'arrivaient de cette affreuse ville,
Me poursuivant avec ces mots (*bis*) :
C'est un mari de Corneville.

HENRI, *au Bailli*

Et ce scandale, qui l'avait provoqué? Vous encore, en voulant épouser, à votre âge, une jeune fille. Non seulement vous ne remplissiez pas vos devoirs, mais vous vous rendez la risée de vos administrés.

LE BAILLI

Monseigneur...

HENRI

Voyons, savez-vous au moins quelque chose sur les prétendus fantômes qui habitent ce manoir?

LE BAILLI

Si je sais... mais...

GERMAINE, *qui s'est approchée du guerrier en scène*

Ah ! Monseigneur ! en voilà peut-être un de ces prétendus fantômes !

GRENICHEUX

Un fantôme !

GERMAINE

Voyez, c'est un fantôme à roulettes.

HENRI, *allant au guerrier*

Oui, vraiment ! et très solidement attaché : deux tiges de fer boulonnées au chariot et rivées à l'armure.

SERPOLETTE, *montrant les girandoles*

Et ces chandelles, voyez donc, Monseigneur, il n'y a pas longtemps qu'elles ont été allumées...

HENRI

C'est vrai, mais par qui?

GRENICHEUX, *à part*

Je le sais, moi, c'est par le diable.

HENRI

Je croyais que la galerie souterraine qui conduit ici était ignorée de tout le monde; j'espérais, en arrivant la nuit et par la rivière, surprendre non pas des fantômes, mais des bandits ou de simples contrebandiers. Mais non !... Rien, absolument rien ! pas même une trace de leur passage. Ah ! dans la salle d'armes... voyons encore.

(*Il fait mouvoir un ressort dans la boiserie, la tapisserie du fond se lève et l'on aperçoit une autre salle dans laquelle, de chaque côté, sont quatre guerriers armés de pied en cap et montés sur des piédestaux; à la gauche, l'un des guerriers manque au fond; deux guerriers semblables gardent une porte conduisant à d'autres galeries.*)

GRENICHEUX

Ah ! des fantômes, des fantômes !

CHANT

HENRI

Non, vous le voyez, mes aïeux
Etaient restés de garde à cette place,
Et les bandits dont nous cherchons la trace
N'ont pas osé s'approcher d'eux.

COUPLETS

HENRI

I

Sous des armures à leur taille,
Que tous ces preux géants portaient,
Aux croisades, ils combattaient,
Plus grands encor dans la bataille.

Et le glaive du Sarrasin,
Qui, de leur cœur, suivait la trace,
Même au défaut de leur cuirasse (*bis*),
Se brisait contre un cœur d'airain.

CHŒUR

C'est la salle de { mes ancêtres,
ses ancêtres,
Debout sur leur socle poudreux,
Reconnaissons nos
Reconnaissez vos } anciens maîtres.
Tous ces guerriers sont { mes aïeux,
ses aïeux.

HENRI

Il n'est plus de combats sublimes,
Aujourd'hui, la mort c'est l'éclair,
Et le plomb qui siffle dans l'air,
Au hasard frappe ses victimes.
Mais au temps de ces fiers soldats,
Leurs troupes étaient accolées,
Et corps à corps, dans les mêlées (*bis*)
Ils mouraient, mais ne tombaient pas.

REPRISE

C'est la salle de { mes ancêtres,
ses ancêtres, etc.

HENRI

Mais, il est visible que nos fantômes n'ont pas habité cette salle; c'est ici qu'ils viennent, ici et pas ailleurs, et comme je veux les surprendre... (*Appelant Cachalot.*)

CACHALOT

Capitaine !

HENRI

Dix hommes pour nettoyer cette salle.

GERMAINE

Mais on nous aura vus traverser la rivière.

HENRI

J'espère que non, la nuit était profonde, et nos embarcations longeaient les récifs qui masquent l'entrée du souterrain. Or, des fantômes bien élevés, de bonne compagnie, n'arrivent jamais nulle part avant minuit, et comme il est à peine dix heures, nous pouvons encore espérer la visite des nôtres.

GRENICHEUX, *à part*

Espérer !... ils ne viendront que trop tôt nous tordre le cou.

CACHALOT

Voilà les dix hommes, capitaine.

HENRI

Bien ! (*Aux hommes.*) Débarrassez-moi cette salle de toute cette poussière et continuez la besogne tout le long de la galerie qui, de ce côté, vous ramènera au souterrain ; il ne faut pas revenir par ici.

(*Les hommes entrent au fond. Henri fait rejouer le ressort, qui referme la tapisserie.*)

LE BAILLI

C'est un mystère inouï, car enfin, j'ai beau chercher parmi les plus mal famés du pays, je ne vois personne.

GERMAINE, *avisant la petite porte de droite*

Ah ! Monseigneur, une clef à cette porte.

HENRI

Une clef... Oui, par Dieu ! mais il n'y a là qu'une toute petite pièce... n'importe, voyons... (*Il prend un flambeau, tourne la clef et ouvre la porte. Tout le monde s'en approche.*) Personne ! mais cette chambre n'a pas cessé non plus d'être habitée. Voyez, les esprits en ont eu besoin. Oh ! restez, restez, un coup d'œil seulement. (*Il entre.*)

SERPOLETTE

C'est drôle, tout ça.

GRENICHEUX

Drôle, si l'on peut dire...

LE BAILLI

Il est certain que tout le pays s'alarmait à tort; mais quels peuvent être les auteurs de cette mystification?

SERPOLETTE

Si c'était le grand Nicolas, ou plutôt si c'était...

GRENICHEUX, *qui vient de s'approcher pour regarder la porte de droite, se sauvant*

Ah ! les fantômes !

SERPOLETTE ET LE BAILLI, *idem*

Les fantômes !

HENRI, *enveloppé dans un grand drap*

Je savais bien que je ferais peur à quelque imbécile.

GERMAINE, *qui s'était reculée*

Comment, c'est vous, Monseigneur?

HENRI

Oui, et voilà mes trouvailles : ce drap et ce portefeuille.

TOUS

Un portefeuille !

HENRI

Le drap s'explique de lui-même. C'est le costume obligé des fantômes, mais il ne nous apprend rien. Voyons si le portefeuille nous en dira davantage. (*Ouvrant le portefeuille.*) Des parchemins, des titres de noblesse. (*En ouvrant un.*) Gaston-Frédéric, comte de Lucenay. Ces titres ne m'appartiennent pas.

LE BAILLI

Pardon, Monseigneur, mais ils peuvent appartenir à l'un des visiteurs inconnus de ce château.

HENRI

Vous avez raison. Placez-vous à cette table, Monsieur le Bailli, et examinez ces paperasses. Toi, Cachalot, place des hommes en vue de la rivière et qu'ils nous signalent toutes les barques qui se promèneront sur la Rille. Regarde aussi, si du côté de la rivière, ces lumières ne sont pas aperçues.

CACHALOT

Oui, capitaine.

HENRI

Eh bien, Monsieur le Bailli?

LE BAILLI

Ce sont, en effet, les titres de noblesse de Gaston-Frédéric, comte de Lucenay, né en Aquitaine, en 1636, et de sa femme Elisabeth, marquise de Clèves, née à La Haye, en 1645, vieilles familles française et hollandaise dont l'origine...

HENRI

Peu nous importe le reste. Est-ce tout ce que renferme le portefeuille?

LE BAILLI

Non, voici encore un titre, c'est un acte de naissance : celui de Clémence-Lucienne, vicomtesse de Lucenay, née à Bourges, en 1667.

SERPOLETTE, *à part*

Tiens, l'année de ma naissance.

HENRI

Et c'est tout?

LE BAILLI

Encore un papier... une lettre...

HENRI

Ah ! ça vaut mieux.

LE BAILLI, *lisant*

« A Jean Gaspard, fermier à Corneville. »

HENRI, GERMAINE, SERPOLETTE, GRENICHEUX

Gaspard ?

GERMAINE

C'est mon oncle.

HENRI

Je n'ai fait que l'entrevoir, mais j'aurais été surpris que son nom ne fût pas mêlé à nos affaires. Lisez, Monsieur le Bailli.

LE BAILLI

Elle est datée du 16 mai 1667.

SERPOLETTE, *à part*

16 mai, ah ! mon Dieu !

LE BAILLI, *lisant*

« Mon cher Gaspard,

« J'ai pu gagner la frontière. Grâce à toi, me voilà sauvé. N'oublie jamais qu'en te confiant ma fille, j'ai laissé entre tes mains tout ce qui m'attache encore à la vie. Cache-la bien, cache aussi la fortune dont je t'ai fait dépositaire. Tu sais que nos ennemis sont puissants et que le nom que porte ma fille l'expose aux plus grands dangers. Pour qu'ils ne puissent remonter à son origine, fais-la élever sous un nom villageois, comme une enfant trouvée et recueillie par toi. »

SERPOLETTE, *à part*

Ciel !

LE BAILLI, *continuant*

Ciel !... non... « Enfin, tu as été le sauveur du père. Sauve la fille, et si je revois un jour mon pays, je payerai au centuple ce que tu auras fait pour elle et pour moi. »

« Comte de LUCENAY ».

SERPOLETTE, *avec élan*

Mais cette enfant, la fille du comte, c'est moi !

PETIT MORCEAU

TOUS

Que dit-elle ?

SERPOLETTE

C'est moi,
Ces papiers en font foi,
Datés du seize mai — le dix-huit on me trouve.
Ah ! je ne sais ce que j'éprouve.

(*Elle tombe dans les bras des matelots qui l'entourent. Germaine court à elle.*)

HENRI

Elle s'évanouit, je crois.
Eh ! l'aventure est surprenante.
Quoi, Serpolette, ma servante,
Est vicomtesse et marquise à la fois !

SERPOLETTE, *se redressant, bousculant tout le monde et ne faisant qu'arpenter le théâtre*

Vicomtesse et marquise,
Ah ! pour moi, quelle surprise !
Tout ce que j'avais perdu
Pourra donc m'être rendu.

Vicomtesse et marquise,
Jamais, dans sa convoitise,
Serpolette ne pensa
Etre si noble que ça.

Vicomtesse et marquise,
Voilà qui me divinise,
N'est-ce pas que je parais
Plus belle que je n'étais ?

Vicomtesse et marquise,
Vite que l'on me courtise,
Pour tous les nobles appas
Qu'on ne me connaissait pas.

Vicomtesse et marquise,
Que nul ne me contredise,
Que chacun, suivant ma loi,
N'obéisse plus qu'à moi.

Vicomtesse et marquise,
La noblesse immortalise
Et toujours elle nous fait,
Pour paraître ce qu'on est,
Oublier ce qu'on était.

HENRI

Tout beau ! tout beau ! ma chère enfant, calmons-nous. Nous allons commencer par remettre ce portefeuille et ce drap à leur place; si la nuit n'amène aucun changement, demain nous essaierons d'éclaircir tous ces mystères.

SERPOLETTE

Mais, c'est éclairci, il n'y a pas de mystère.

HENRI

Vous oubliez le fermier Gaspard, qui seul peut certifier.

SERPOLETTE

Oh ! mais le père Gaspard...

HENRI, *impérativement*

Ah ! maintenant, silence ! (*Il rentre dans la pièce à droite.*)

SERPOLETTE

Silence, mais certainement non qu'il ne peut pas y avoir de doute, puisque je suis le seul enfant trouvé dans le pays, et trouvé par le père Gaspard en l'année de ma naissance. Voyons, Monsieur le Bailli, c'est-y des preuves, ça ?

LE BAILLI

Ce sont des probabilités; mais patience, patience.

HENRI, *revenant*

Voilà tout remis à sa place. Impossible de s'apercevoir...

CACHALOT, *qui vient de rentrer*

Capitaine, tous les factionnaires sont placés; et, du

côté de la rivière, on ne peut voir les lumières qui sont ici.

HENRI

Je le pensais, mais je voulais en être sûr. Et l'on n'aperçoit aucune barque sur la Rille?

CACHALOT

Aucune barque, mon capitaine.

HENRI

N'importe, que tout le monde se retire dans la galerie, et, à moins d'alerte, que chacun se repose comme il pourra.

GRENICHEUX, *à part*

Dans le souterrain?

LE BAILLI

Et moi, Monseigneur?

HENRI

Vous aussi, Monsieur le Bailli, vous restez mon hôte jusqu'à demain. Germaine et Serpolette seules resteront ici.

SERPOLETTE, *avec dédain*

Serpolette ! moi...

GRENICHEUX, *avec résolution*

Dans le souterrain, jamais ! De grâce, Monseigneur, ordonnez qu'on me reconduise au pays; ici, je mourrais de frayeur.

HENRI

Quel est cet imbécile?

GRENICHEUX

Oui, Monseigneur,... c'est bête, je le sais... mais...

HENRI

Silence ! (*Aux matelots.*) Mes braves, si ce poltron

parle encore de quitter le château, vous le jetterez par une fenêtre, pour qu'il soit plus vite dehors.

GRENICHEUX

Ah ! je m'évanouille ! (*Il tombe sur Cachalot.*)

CACHALOT, *le rejetant sur un autre matelot*

Mille caronades !

LE MATELOT, *le rejetant sur d'autres*

Cric !

TOUS

Crac !

GRENICHEUX

Oh là ! là !

HENRI

En route ! (*On enlève Grenicheux.*)

LE BAILLI, *sortant*

Oui, c'est cela, partons.

(*Ceci a été dit pendant la sortie générale. Cachalot, resté le dernier, laisse passer le bailli et se retire en fermant les portes.*)

SCÈNE IV

HENRI, SERPOLETTE, GERMAINE

SERPOLETTE, *à part*

Le père Gaspard... Ah ! il faudra bien qu'il avoue...

HENRI, *redescendant*

Moi, mes belles, je fais de cette salle mon quartier général, et, puisque le hasard vous donne une chambre, c'est là (*Il désigne la petite porte de droite.*) que vous allez vous retirer, mais n'oubliez pas que nous pouvons être surpris et qu'il faut être debout au premier signal.

GERMAINE, *se dirigeant vers la chambre indiquée*

Il suffit, Monseigneur.

HENRI

Non, Germaine, ne vous éloignez pas encore, j'ai à vous parler. Ecoutez-moi, Serpolette, vous allez attendre là Germaine, mais... je vous défends, vous m'entendez, je vous défends de toucher à rien, et surtout au portefeuille.

SERPOLETTE, *avec effroi*

Vous voulez que j'attende là toute seule !

HENRI

Comment, vous avez peur de rester dans une chambre qui renferme vos papiers de famille?

SERPOLETTE, *à part*

Tiens, au fait, si je pouvais trouver d'autres preuves. (*Haut.*) Mais vous restez-là, au moins?

HENRI

Je vous le jure !

SERPOLETTE

Alors, je n'ai pas peur; c'est égal, ne me laissez pas seule trop longtemps. (*Elle sort.*)

SCÈNE V

HENRI, GERMAINE

HENRI

Approchez, Germaine.

GERMAINE

A vos ordres, Monseigneur.

HENRI

Je n'ai pas d'ordres à vous donner, Germaine, c'est une explication que je vous demande.

GERMAINE

Une explication?

HENRI

Vous êtes la nièce de l'un de nos plus riches fermiers; vous étiez ce matin la fiancée d'un homme puissant, trop vieux, trop laid pour vous plaire, oh ! j'en conviens. Mais pour déterminer une jeune fille à l'acte audacieux que vous avez accompli, ne vous a-t-il pas fallu de plus graves motifs ?

GERMAINE

Oui, Monseigneur, j'avais fait un serment.

HENRI

Un serment ?

GERMAINE

Mon Dieu, l'histoire d'une pauvre fille comme moi ne peut guère vous intéresser...

HENRI

Mais, au contraire, et je vous prie de me la faire connaître.

GERMAINE

Eh bien ! j'avais deux ans à la mort de ma mère, et, n'ayant plus d'autres parents que mon oncle, je fus mise en pension par lui, et je n'en suis sortie que pour vivre ici à peu près comme je vivais là-bas, presque toujours seule. Au milieu de cet isolement, j'avais remarqué un pauvre garçon encore plus malheureux que moi; d'abord, il m'intéressa à cause de sa jeunesse et de sa pauvreté; je cherchais toutes les occasions, tous les moyens d'adoucir son sort, lorsque, un jour, mon oncle m'envoya chez un tabellion, à Courseulles. En longeant la falaise, à la marée montante, le pied me glissa et, d'une assez grande hauteur, je fus précipitée dans la mer, où j'allais périr; mais un homme s'était jeté à mon secours, et, quand je rouvris les yeux, c'était lui, ce pauvre garçon si triste et si malheureux, qui m'avait sauvée et qui veillait sur moi.

HENRI

C'était lui qui vous avait sauvée?

GERMAINE

Oui, Monseigneur.

HENRI

Il vous l'a dit?

GERMAINE

Sans doute.

HENRI

Le nom de ce héros?

GERMAINE

Jean Grenicheux.

HENRI

Quoi ! mon cocher ! Ce poltron qui, tout à l'heure, tremblait de se trouver ici?

GERMAINE

J'avoue que sa frayeur m'a bien étonnée.

HENRI

De grâce... répétez encore... C'était en allant à Courseulles?

GERMAINE

Oui, il y a six semaines.

HENRI

Six semaines?

GERMAINE

J'avais en face de moi les rochers du Calvados, et, du haut de la falaise, je suivais des yeux une petite barque qui longeait la côte. C'est en me penchant pour mieux voir cette barque que le pied me glissa.

HENRI, *à part*

DUO

C'est elle ! et son destin la guide
Près de celui qu'elle cherchait.

GERMAINE

Alors, mon sauveur, moins timide,
Osa m'avouer qu'il m'aimait (*bis*).

HENRI, *à part*

Ah ! le bandit... tant d'impudence...
Mais puis-je la désabuser?

GERMAINE

Et ce fut par reconnaissance
Que je promis de l'épouser,
De l'épouser.

ENSEMBLE

HENRI

Il faut être reconnaissante,
Croyez que je comprends cela :
L'aventure fut effrayante,
Votre bonheur peut-être est là.

GERMAINE

L'aventure fut effrayante,
Certes, je pouvais mourir là,
Mais d'être trop reconnaissante
Vraiment je me repens déjà.

GERMAINE

Que n'ai-je, hélas ! à sa demande,
Fait une réponse normande !

HENRI

Normande, qu'est-ce que cela?
Parlez, qu'entendez-vous par là?

GERMAINE

COUPLETS

I

Quand on lui propose une affaire,
Prudemment, le Normand répond,
Sans dire oui, sans dire non.
Vous savez la phrase ordinaire :
Allez, marchez ! pour tout c'est bon,
Ça n' dit pas oui, ça ne dit pas non.
On prétend qu'une fille même,
Ici, quand un jeune garçon
Lui dit : Voulez-vous que j' vous aime?
N' répond pas oui, mais n' dit pas non.
C'est la coutume en Normandie,
Et dès l'école, assure-t-on,
Avec prudence on s'étudie
A ne dire ni oui ni non (*bis*).

II

A Grenicheux, fine Normande,
J'aurais dû parler de façon
A ne dire ni oui ni non.
Maintenant, ma frayeur est grande,
Devant Monsieur le Tabellion,
Dirai-je oui? dirai-je non?
Si je dois le prendre pour maître,
Au moment de porter son nom,
Ma bouche dira oui, peut-être,
Mais, tout bas, mon cœur dira non.
Que de femmes, en Normandie,
On accusa de trahison,
Qui, sans la moindre perfidie,
Ont dit oui, n'osant dire non ! (*bis*)

HENRI, *à part*

Elle est charmante, et quand j'y pense,
Rien ne saurait plus m'irriter,
Puisque sur sa reconnaissance,
Moi seul ai le droit de compter.

(REPRISE DE L'ENSEMBLE)

SCÈNE VI

LES MÊMES, CACHALOT, *puis* SERPOLETTE

CACHALOT

Pardon, capitaine, mais...

HENRI

Qu'y a-t-il?

CACHALOT

La sentinelle vient de signaler une barque qui se dirige vers le château.

HENRI

Ah ! nos fantômes, sans doute. (*A Cachalot.*) Tout le monde ici, et que les sentinelles redoublent de vigilance. Toi, sois informé de tout ce qui se passera, et à chaque instant, viens m'en instruire.

CACHALOT

Oui, capitaine. (*Il sort.*)

HENRI

Ah ! Serpolette. (*Allant ouvrir la petite porte.*) Venez, venez vite.

SERPOLETTE, *le flambeau à la main*

Me voilà, Monseigneur.

HENRI

Vous n'avez rien dérangé ?

SERPOLETTE

Et rien découvert.

HENRI

Patience ! Voilà les fantômes.

SERPOLETTE, *effrayée*

Des fantômes, où çà ?

GERMAINE

Ils arrivent.

SERPOLETTE

Ils arrivent ?... mais j'en ai peur, moi.

HENRI

Une vicomtesse, une marquise, avoir peur...

SERPOLETTE

C'est vrai, vertuchoux ! où sont-ils, ces soi-disant fantômes, ces prétendus revenants qui...

CACHALOT, *au dehors*

Sentinelles, veillez !

SERPOLETTE, *courant se cacher*

Oh ! là là !

HENRI

Eh bien, mais, qu'est-ce donc ? Comment, ce sont mes hommes qui t'effraient ?

SERPOLETTE

M'effrayer, des hommes !... Jamais !

SCÈNE VII

LES MÊMES, MATELOTS *et* MOUSSES, LE BAILLI, GRENICHEUX, *ensuite* CACHALOT

HENRI

Arrivez, mes braves, on nous annonce l'ennemi.

GRENICHEUX, *défaillant*

Ah ! c'est mon dernier jour !

LE BAILLI

Est-ce possible, Monseigneur, et c'est une barque qui l'amène ?

HENRI

Oui, Monsieur le Bailli, ces fantômes effrayants, qui épouvantaient vos administrés et vous-même, arrivent ici tranquillement par la rivière, et le comble du merveilleux, c'est que l'autorité ne s'en doutait pas.

GRENICHEUX, *jetant un cri*

Oh ! là là !

TOUS

Quoi donc ?

GRENICHEUX

Les... les... rideaux... qui remuent...

SERPOLETTE

Mais les rideaux, c'est moi qui les ai touchés.

HENRI, *à part*

Ah ! ce gredin-là, que j'oubliais. Ma foi, l'occasion est trop bonne. (*S'adressant à ses hommes.*) Mes braves, des bandits vont s'introduire ici, et pour savoir ce qu'ils viennent faire nous devons laisser le champ libre, mais il faut qu'un de vous garde cette salle et me serve de sentinelle avancée.

TOUS LES MARINS

Moi, capitaine.

HENRI

Non, mes amis, non, votre courage à tous peut m'être nécessaire. Il ne s'agit ici que d'observer l'ennemi en cachette, et l'homme que j'ai choisi pour ce poste d'honneur, (*Montrant Grenicheux.*) le voici !

GRENICHEUX

Moi ?

TOUS

Lui !... (*On rit.*)

HENRI

Nous allons le placer dans cette armure.

GRENICHEUX

Moi, jamais !

HENRI

Jamais, dis-tu ?

GRENICHEUX

Jamais, au grand jamais !

HENRI

Que l'on me hisse ce gaillard-là sur le chariot et, de force ou de bonne volonté, qu'on l'enferme dans l'armure.

MORCEAU

LE CHŒUR

Gloire au valeureux
Grenicheux.
Il faut, heureux
De l'aventure,
Dans cette armure
Le loger,
Pour ne plus songer
Au danger !

LE BAILLI, GERMAINE
SERPOLETTE

Ah ! le malheureux
Grenicheux.
Pour lui, peureux,
Quelle aventure !
Dans cette armure
Le loger,
Pour nous préserver
Du danger !

HENRI, *parlé*

Si tu bouges, tu es mort !

GRENICHEUX

O ciel ! malheureux
Grenicheux,
Ah ! c'est affreux !
Quelle aventure !
Dans cette armure
Me loger,
Sans envisager
Mon danger !

(*Pendant ce temps, le guerrier, sur le chariot, a été roulé au milieu du théâtre. Des matelots sont montés sur le traîneau, d'autres se sont emparés de Grenicheux qu'ils ont passé à leurs camarades; on l'a enfermé et bouclé dans l'armure.*)

CACHALOT, *rentrant* — (*Parlé sur la musique*). —

Un homme entre dans le souterrain.

HENRI

Prenez ces flambeaux et suivez-moi.

(*Sortie générale par la salle des ancêtres, dont Henri a fait mouvoir les tapisseries. On voit même ouvrir la porte au fond, tout cela dans une nuit complète.*)

GRENICHEUX, *seul dans l'armure.* — (*Nuit*). —

Oh ! bien sûr que je ne bougerai pas, que je ne dirai rien... Parler, j'en aurais pas la force, et bouger, je ne le pourrais seulement pas... (*Ici, une lueur éclaire la galerie de droite.*) Ah ! mon Dieu, une lumière... les voilà... pour avoir moins peur... fermons les yeux.

SCÈNE VIII

GRENICHEUX, GASPARD

(*Gaspard, une lanterne sourde à la main et tenant trois grands sacs sur son bras gauche, avance en hésitant et en regardant autour de lui. — Demi-jour.*)

GASPARD

C'est drôle, plus j'avance et plus un sentiment de crainte... Voyons, Gaspard, c'est pas des fantômes que t'as peur, n'est-ce pas? Les fantômes, c'est toi, tu le sais bien, et t'as pas peur de toi...

GRENICHEUX, *à part*

Si j'osais regarder...

GASPARD

Tu croyais avoir remarqué, mais non; d'ailleurs, c'est impossible, qui donc oserait pénétrer?...

GRENICHEUX, *à part*

Tant pis, je me risque. (*Ici, Gaspard se heurte contre un fauteuil et recule en poussant un cri.*)

GRENICHEUX

Oh ! là là là !

GASPARD

Hein ! quoi ! qui est là?... là... là... (*Dirigeant la lanterne sur le fauteuil*) Qui... qui êtes-vous?... Une chaise... tonnerre ! Qu'est-ce que j'ai donc aujourd'hui. Est-ce que je deviens aussi bête que tous les nigauds de ce pays? Eh ! morbleu ! quand tous les marquis de Corneville sortiraient de l'enfer !... (*Allant déposer ses sacs sur la table.*) Non, non, ils y sont, qu'ils y restent.

GRENICHEUX, *à part*

Qu'est-ce... qu'est-ce qui s'est passé?

GASPARD

C'est le Bailli avec ses idées de ce matin.

GRENICHEUX, *à part*

J'ai cru m'évanouir.

GASPARD, *se dirigeant vers la gauche et tournant le dos à l'armure*

Le Bailli, qu'est-ce qu'il va faire maintenant que Germaine ne m'appartient plus?

GRENICHEUX, *à part, le regardant*

Oh ! c'est pas un fantôme, c'est un bandit. Ne bougeons pas.

GASPARD, *allant aux girandoles, dont il allume successivement toutes les chandelles*

Oh ! cette Germaine, où est-elle allée avec ce soi-disant capitaine? J'ai suivi leur barque tant que j'ai pu la suivre. Oh ! il faudra que cet homme me la rende... Une coutume, qui dit... allons donc ! Et la loi... je plaiderai.

GRENICHEUX, *à part*

Tiens, il allume les chandelles.

GASPARD

C'est que ce Bailli-là ne serait pas aussi commode que l'autre; l'ancien Bailli, mon ami Fabrice, avec de l'argent, j'en faisais tout ce que je voulais; mais celui-là, sans Germaine, dont il s'est affolé...

GRENICHEUX, *à part*

Pourquoi donc allume-t-il tant de chandelles que çà?

GASPARD

J'ai eu tort de ne pas retourner au bailliage, mais je n'ai pas eu le courage de me remontrer dans le pays. (*Revenant en scène.*) J'ai attendu la nuit à me promener dans le bois.

GRENICHEUX, *à part*

J'peux pas voir sa figure.

GASPARD

Et puis, j' me suis endormi. Un sommeil de plomb... et pourtant j'ai rêvé... est-ce drôle, ce rêve que j'ai fait... quand je dis drôle... le comte de Lucenay venait me redemander sa fille.

GRENICHEUX, *sans voir sa figure*

C'est étonnant, on dirait...

GASPARD

C'est ce portefeuille que j'ai eu la curiosité de revoir...

GRENICHEUX

C'est que c'est sa tournure...

GASPARD

Il y a longtemps que j'aurais dû le brûler, ce portefeuille, car il est certain que le navire qui portait le comte a péri corps et biens, et ce n'est pas après dix-sept ans qu'il reviendra de l'autre monde... (*En terminant, il s'est tourné à droite.*)

GRENICHEUX

Oh ! c'est lui !

GASPARD, *entrant à sa gauche dans la petite chambre*

Après tout, il ne me gêne pas, ce portefeuille, et ce n'est pas ici qu'on viendra le chercher. (*Il entre dans la pièce à droite.*)

GRENICHEUX, *seul un moment*

Gaspard, ce vieux scélérat de Gaspard, s'il m'aperçoit, s'il me reconnaît, ficelé comme je le suis, sans pouvoir me défendre, je suis un homme mort. Ah ! le revoilà...

GASPARD, *portant sous son bras le drap qu'on a déjà vu*

Je n'ai à craindre que le Bailli, si, comme il m'en a menacé, il faisait ouvrir le château. Et, encore, on l'ouvrirait, le château, qu'on ne l'ouvrirait toujours que du côté de la place. (*Il s'enveloppe dans le drap.*)

GRENICHEUX

Ah ! les fantômes, c'est lui.

GASPARD, *allant ouvrir la tapisserie qui masque la fenêtre et gesticulant avec le drap*

Et par la grande porte, j'les défierais bien d'entrer. D'ailleurs, est-ce que je n'ai pas tout prévu, tout calculé? on démolirait le château, qu'à moins de le démolir pierre à pierre, je défierais bien... (*Prenant machinalement la poignée du chariot et se mettant à promener Grenicheux devant les fenêtres.*) Certainement, il aurait mieux valu ne pas inventer ces fantômes...

GRENICHEUX

Oh ! là là, là là !

GASPARD

Mais, on allait vendre le château... et c'eût été bien pis, un maître...

GRENICHEUX, *à part*

Il va me flanquer par terre !

GASPARD

Non ! non ! j'ai bien fait; tant que je n'aurai à craindre que la prévôté et tant qu'elle n'aura pas mon secret, je puis dormir tranquille. (*Quittant le chariot qu'il a promené tout le temps.*) Par ainsi, plus de crainte ! oublions cette maudite journée, mon rêve, le Bailli, Germaine, la prévôté, et soyons tout au bonheur. (*Il jette le drap qui l'enveloppait et reprend sa lanterne sourde sur la table. — Montrant la boiserie de droite.*)

DUO

C'est là, c'est là, qu'est la richesse,
La seule idole de mon cœur.
C'est là, c'est là, qu'est ma maîtresse,
Là que se trouve le vrai bonheur.

(*Pendant cette phrase, il a pris dans sa poche une clef avec laquelle il fait tourner un ressort dans la boiserie, qui s'ouvre et laisse voir, à droite, une profonde armoire dans laquelle sont rangés de gros sacs serrés les uns contre les autres.*)

GRENICHEUX, *à part*

Ah ! qu'est-c' que j' vois ?

GASPARD

Destin prospère,
Voilà le bonheur sur la terre.
(*Aux sacs*).
Je vais encore grossir vos rangs.
(*Prenant un sac vide dans l'armoire et montrant les petits qu'il a placés sur la table.*)
Avec les p'tits, j'en fais des grands.

GRENICHEUX

V'là donc l' magot de c' gueux d' Gaspard,
Si j'en pouvais avoir ma part.

(*Pendant ces deux vers, Gaspard s'est placé à la table; il éventre les sacs qu'il a apportés et la table se couvre d'or. Grenicheux, placé derrière lui, le domine de la hauteur du chariot.*)

COUPLETS

I

GASPARD, *remuant l'or*

Là-dedans, que de beaux habits,
De bons repas, de bons amis,
Richesse, esprit et cætera,
On a de tout, quand on a d' ça.

GASPARD, GRENICHEUX

On a de tout, quand on a d' ça.
Rien à personne
Ne donnera,
L' bonheur que donne
Ce son là.

II

Et des femm's, il faudrait voir ça !
Je pourrais être un vrai pacha;
J'aurais cell'ci, j'aurais cell'-là,
Rien qu'en lui répétant cela.

GASPARD, GRENICHEUX

Rien qu'en lui répétant cela.

ENSEMBLE

GASPARD, GRENICHEUX

Rien à personne
Ne donnera,
L'bonheur que donne
Ce son là.

(*Ici, un grand son de cloche interrompt le refrain commencé. Gaspard s'arrête, épouvanté et écoute. Alors se fait entendre le carillon des Cloches de Corneville; il accompagne l'air de la Légende chantée au premier acte par Germaine, et qui, cette fois, est accompagnée des cloches; mais à ce double accompagnement de l'air de la Légende et des Cloches qui frappent en mesure, un chœur fantastique se fait entendre derrière la tapisserie.*)

CHŒUR

Debout, debout, nobles ancêtres,
Un traître pénètre en ces lieux,
Et nous devons punir les traîtres,
C'est le devoir des anciens preux.

(*Voilà ce qui doit se passer pendant ce temps : au premier son de cloche, Gaspard s'est arrêté; il est resté un moment immobile, puis, en entendant le carillon, il s'est mis à trembler de tous ses membres; puis, peu à peu, il a relevé la tête, et c'est alors qu'il aperçoit la figure de Grenicheux qui, épouvanté lui-même, se démène dans son armure. A sa vue, Gaspard se précipite sur son or, qu'il semble défendre contre Grenicheux. Tout cela s'est fait pendant le chœur, chanté derrière la tapisserie qui se lève à la fin du chœur, et alors le plus étrange des tableaux, se trouve groupé derrière : tous les personnages de l'acte, recouverts d'armures et de manteaux blancs sont échelonnés, les uns sur les autres.*)

GASPARD

Oh ! c'est l'enfer !

CHŒUR

Oui, c'est l'enfer,
C'est le Tartare
Où l'avare (*bis*)
Est au pouvoir de Lucifer.
Oui, c'est l'enfer,
Le Tartare.

Nous te punirons,
Te larderons,
Te larderons,
Te mangerons,
Nous te punirons, } *bis*
Nous te larderons, }
C'est l'enfer,
C'est le Tartare,
Où l'avare,
Où l'avare,
Est au pouvoir de Lucifer,
Oui, c'est l'enfer
De Lucifer.

GERMAINE, *se jetant aux genoux d'Henri, resté seul à l'avant-scène*

Ah ! pitié, pitié, Monseigneur,
Grâce pour lui, je vous en prie.

HENRI

Je n'ai pitié que de votre frayeur.
(*Allant à ses hommes.*)
Assez de cette comédie !
Je fais grâce.

GASPARD, *parlé, en entendant les cloches*

Mais, c'est pour le mariage de Germaine et du Bailli.

(*Chantant.*)

Digue, digue, digue, digue, digue don, etc.

(*Il s'avance vers Germaine, qui le conduit près de la chaise de droite, où il tombe.*)

CHŒUR FINAL

(*Avec accompagnement de cloches.*)

Digue, digue, digue, digue, digue don,
Sonne, sonne, sonne, sonne, sonne donc;
Digue, digue, digue, digue, digue don,
Sonne, sonne, donc, joyeux carillon !
Le malheureux, quel étrange délire !
Qui pourrait croire à ce transport subit?
Les revenants, dont lui seul semblait rire,
Ont-ils si tôt pu troubler son esprit?
Digue, digue, etc.

RIDEAU

ACTE TROISIÈME

Le théâtre, dans toute sa grandeur, représente un parc avec statues et bosquets. Ce décor, le plus brillant et le plus gai possible.

SCÈNE PREMIÈRE

JEANNE, MANETTE, GERTRUDE, CATHERINE, HOMMES *et* FEMMES *endimanchés*, ensuite GASPARD.

Au lever du rideau, tout le monde est en danse; on saute en riant, et ce tableau, très animé, doit se continuer quelques instants. Puis, on voit paraître Gaspard à l'avant-scène. Il regarde un instant et d'un air finaud les danseurs, puis il se détermine à traverser les groupes. Alors, à mesure qu'on l'aperçoit, les danses s'arrêtent et bientôt tout le monde n'est plus occupé que de Gaspard qui, d'abord, ne semble voir personne.

MANETTE

Gaspard !

TOUS

Le fou !

JEANNE

Oh ! n'ayons pas peur, il n'est pas méchant.

SUZANNE

C'est vrai, il chante toujours.

GASPARD

RÉCITATIF

Enfin, nous voilà transportés
Aux temps heureux de la légende.
Vous tous, écoutez, écoutez,
C'est la vieille chanson normande.

CHANSON

I

Nous étions bien cinq cents gueux,
Tous les cinq cents d'une bande,

Et je voyais chacun d'eux,
Qu'à ma guise je commande,
Obéissant à ma voix,
Comme au roi de tous les rois.
Toure loure la lon déridera lon lon la.

II

On sait qu' les soldats du roi
Ont des casques et des toques,
Uniforme, palefroi,
Quand nous n'avons que des loques,
Mais dans les combats, nu-pieds,
Nous triomphons sans souliers.
Toure loure là lon déridera lon lon là.

III

Et les belles d'alentour,
Qui se connaissent en hommes,
Nous préfèrent, chaque jour,
Aux plus riches gentilshommes.
Chacune a pour amoureux
Deux ou trois des cinq cents gueux.
Toure loure la lon déridera lon lon la.

(Sitôt après la chanson, dont le refrain est répété par tout le monde, on entend à l'orchestre l'air des cloches. — Gaspard sort lentement sur ce refrain.)

GERTRUDE

Est-ce drôle, tout de même !

MARGUERITE

Quoi donc?

GERTRUDE

Une folie comme celle-là.

JEANNE

Moi, ce qui m'étonne, c'est qu'on le laisse aller et venir comme ça. Il a beau ne pas être méchant, un fou, ça fait peur.

MANETTE

C'est autrefois, quand il avait sa raison, qu'il faisait peur à tout le monde, et à lui tout seul encore... Qui est-ce qui aurait pu se douter de ça?

JEANNE

Que d'évènements depuis un mois !

SCÈNE II

LES MÊMES, LE BAILLI

LE BAILLI, *qui vient d'entrer*

Ah ! oui, que d'événements !

TOUS

Ah ! Monsieur le Bailli !

SUZANNE

Monsieur le Bailli de retour...

GERTRUDE

Nous apportez-vous des nouvelles?

MANETTE

Vous arrivez du Grand Conseil?

JEANNE

Sait-on quelque chose?

GERTRUDE

Qu'est devenu Grenicheux?

CATHERINE

Serpolette a-t-elle hérité?

LE BAILLI

Ah ! que de questions ! Et bien ! oui, Serpolette a hérité, non seulement de tous les titres, mais de tout l'or trouvé au château.

TOUS

Ah !

JEANNE

De tout l'or !

LE BAILLI

Le diable s'en est mêlé. Je devais apporter au Conseil le registre de 1677, le seul qui pouvait mentionner le jour et la manière dont Serpolette avait été trouvée par Gaspard; de plus, on espérait que le registre nous apprendrait quelque chose de son père, le comte de Lucenay. Mais, à la date du 16 mai, une feuille manque au registre !

TOUS

Tiens !...

MARGUERITE

Comment donc que ça s'fait?

LE BAILLI

L'ancien Bailli n'est plus là pour le dire.

MANETTE

Alors, comment que Serpolette a hérité?

LE BAILLI

La lettre et les livres trouvés dans le portefeuille ont fait foi; et, comme Serpolette est la seule orpheline du pays dont les parents sont inconnus, et qu'il a été prouvé que c'est bien le 16 mai que Gaspard l'a recueillie à sa ferme, naturellement...

GERTRUDE

Et Grenicheux?

LE BAILLI

Oh ! Grenicheux, c'est bien plus drôle. Vous savez qu'à la suite de ses terreurs, dans la première nuit passée au château, il avait pris la fuite, et que malgré les ordres de Monseigneur, jamais on ne l'avait retrouvé nulle part.

TOUS

Eh bien?

LE BAILLI

Eh bien ! il ne devait pas être caché bien loin, car

depuis que Serpolette est riche, il ne la quitte plus, et savez-vous ce qu'elle en a fait?

TOUTES LES FEMMES

Son amoureux?

LE BAILLI

Son domestique !

TOUS

Domestique !

LE BAILLI

Elle dit son factotum, son intendant, mais elle le traite comme un nègre, et il obéit comme un valet.

TOUS, *riant*

Ah ! ah ! ah ! ah !

LE BAILLI

Au surplus, vous allez les voir.

TOUS

Serpolette?

JEANNE

Grenicheux?

CATHERINE

Ils viennent ici?

LE BAILLI

Grenicheux ne le voulait pas; il se souvenait de sa veillée dans l'armure; mais Serpolette, qui tient à palper son héritage, lui a dit : « Je veux ». Et d'un moment à l'autre... (*Bruit au dehors.*)

LE BAILLI

Qu'est-ce donc?

UN PAYSAN, *au fond*

Ah ! sapredienne ! le superbe carosse !

MANETTE

Mais oui, tenez, il s'arrête à la grille.

JEANNE

Une grande dame en descend.

LE BAILLI

Mais c'est elle, c'est Serpolette !

TOUS

Serpolette !

PETIT CHŒUR AVEC COUPLET

CHŒUR

Regardez donc quel équipage,
Que de beaux atours, que de falbalas !
D' puis qu'elle a changé de plumage,
En fait-ell' des embarras !

SCÈNE III

LES MÊMES, GRENICHEUX, *en factotum, galonné, ensuite* SERPOLETTE *en toilette tapageuse : diamants, panaches, etc.*

GRENICHEUX, *noblement*

Oui, c'est bien moi, précédant Son Altesse
La Vicomtesse de Lucenay.

LE CHŒUR

Quoi ! de retour? (*bis*)

SERPOLETTE, *entrant avec de grands airs*

Bonjour, bonjour,
Petit's gens de Corneville.

LE CHŒUR

Petit's gens !...

SERPOLETTE

Vicomtesse et marquise,
Regardez comm' je suis mise.
(*Montrant ses bijoux.*)
Comme ça r'luit !
(*Montrant la queue de sa robe.*)
Comme ça m' suit !
Voyez quelle richesse,
Admirez ma noblesse,

R'gardez par-ci, r'gardez par-là.
Jadis, quand je disais ça,
R'gardez par-ci, r'gardez par-là,
Ce qu'on voyait valait-il ça?

GRENICHEUX

Et moi, et moi, voyez quelle élégance !

SERPOLETTE

Silence, palsambleu ! silence !
Monsieur mon factotum, écoutez bien ceci,
Et vous tous, écoutez aussi.

CHANSON

Oui, c'est moi, c'est Serpolette,
En magnifique toilette.
Mais je m' souviens avant tout
Qu' jadis à mon arrivée,
Quand dans les champs j' fus trouvée,
J' n'avais pas d' costume du tout.
Aujourd'hui, noble et rentière,
Et sans en être plus fière (*bis*),
Me v'là d' suite, en arrivant,
Serpolett', Serpolett', comme devant.

CHŒUR

La v'là d' suite, en arrivant,
Serpolett', Serpolett', comme devant.

SERPOLETTE

D'puis un mois que j'en suis sortie,
J' regrettais ma Normandie.
Je crois qu'aux plus beaux palais
J' préférerais un' chaumière,
Auprès de mon premier père,
Le vieux champ de serpolets.
Malgré mon costum' superbe,
Prête à me rouler sur l'herbe (*bis*),
Je suis, vous l' verrez souvent,
Serpolett', Serpolett', comme devant.

CHŒUR

Elle est, nous l'verrons souvent,
Serpolett', Serpolett', comme devant.

GERTRUDE

A la bonne heure, nous te retrouvons.

GRENICHEUX

Oui, villageoise, malgré la haute...

SERPOLETTE, *impérieusement*

Taisez-vous ! (*Aux commères.*) Ah çà ! que se passe-t-il donc ici? tout le monde a l'air en fête.

MANETTE

J'crois bien ! c'est notre seigneur, le marquis, qui a fait remettre à neuf son château, qui a fait défricher et replanter son parc qu'il a rempli de kiosques et de statues.

GERTRUDE

Et qui donne une fête à ses vassaux.

SERPOLETTE

Ah ! c'est moi qui vous en donnerai des fêtes dans mon château, quand j'en aurai un.

GRENICHEUX

Oui, certainement, quand nous aurons un château.

SERPOLETTE

Hein? quand nous aurons...

GRENICHEUX

Je dis nous, parce que...

SERPOLETTE

Silence ! (*Aux commères.*) Et Germaine, est-elle toujours servante?

JEANNE

Oh ! Germaine, s'il fallait en croire les mauvaises langues, ce serait le contraire de servante qu'elle serait au château.

SERPOLETTE, *bas*

Maîtresse du marquis?

GRENICHEUX

Ce serait possible ! Comment ! Germaine?

SERPOLETTE

Ah ! vertuchoux ! monsieur mon *factoton*, de quoi vous mêlez-vous ?

GRENICHEUX, *humblement*

Madame la vicomtesse...

SERPOLETTE

Allez, allez voir là-bas si j'y suis.

GRENICHEUX, *s'en allant*

Ah ! mais elle m'ennuie ! Ça ne peut pas m'aller, ces manières-là ! (*Sur le point de sortir.*) Ça ne peut pas m'aller ! (*Il sort.*)

LE BAILLI, *aux commères*

C'est mal de tenir des propos sur Germaine ; c'est une honnête fille !

SERPOLETTE

Vous êtes toujours amoureux, Monsieur le Bailli ?

LE BAILLI

Non, ma mie. Grâce au ciel, M. le Marquis m'a rendu à la raison. Mais ça ne m'empêche pas de rendre justice à Germaine, et si Monseigneur a des bontés pour elle, c'est qu'il a reconnu qu'elle avait...

SERPOLETTE

Oui, oui, je me doute de ce qu'il a reconnu qu'elle avait. (*Ici l'on voit reparaître Gaspard, mais à droite, et, comme la première fois, il semble écouter.*) Et le Gaspard, est-il toujours fou ?

MANETTE

Oh ! toujours.

TOUS

Toujours !

SERPOLETTE

Vous savez qu'on l'a fait venir en Conseil ?

LE BAILLI

Oui, pour dire ce qu'il savait sur votre famille.

SERPOLETTE

Ah ! bien oui, il n'a parlé que des cloches de Corneville ; il a tellement étourdi le tribunal avec ses cloches, qu'on l'a fait repartir tout de suite.

GASPARD, *traversant*

Eh ! lon lon la, landérirette,
Eh ! lon lon la, landérira.

TOUS

Lui !...

SERPOLETTE

Attendez, j'vas lui parler... (*L'arrêtant.*) Bonjour, père Gaspard.

GASPARD, *la regardant*

Hein !...

SERPOLETTE

Me reconnaissez-vous ?

GASPARD

Ah ! oui, oui, Serpolette.

SERPOLETTE

Non... la vicomtesse de Lucenay.

GASPARD

Lucenay... Ah ! oui. Lucenay, un comte... oui, oui, oui, oui, oui...

SERPOLETTE

Eh bien ! sa fille Lucienne... vous savez, la petite Lucienne ?

GASPARD

La fille du comte, oui...

SERPOLETTE

C'est moi.

GASPARD

Non.

SERPOLETTE

Hein?

GASPARD

Toi, Serpolette?

SERPOLETTE

Oui, c'est-à-dire non... c'est-à-dire oui... mais vous savez...

GASPARD

Lucienne ! oh ! oh ! Lucienne... je me souviens, une belle enfant... une jolie petite fille...

SERPOLETTE

C'est moi.

GASPARD, *sortant en riant*

Eh ! lon lon la, landérirette,
Eh ! lon lon la, landérira.

TOUS

Ah !

CATHERINE

Tu le laisses partir?

SERPOLETTE

Pardine ! qu'est-ce que vous voulez que j'en tire? Il est fou à lier !...

GERTRUDE

Ah ! rev'là les ménétriers.

TOUS

Les ménétriers ! à la danse !

SERPOLETTE

La danse. (*Retroussant sa robe.*) Ça me va !...

LE BAILLI

Comment, Madame la vicomtesse !

SERPOLETTE

La vicomtesse, vous allez voir comme elle se trémousse, la vicomtesse. Monsieur le Bailli, je vous invite.

LE BAILLI

Moi ?

SERPOLETTE

Oui, oui, c'est nous *que* nous conduirons la ronde, et c'est moi qui la chante.

TOUS

Vivat !

SERPOLETTE

RONDE

I

La pomme est un fruit plein de sève
Et qui toujours doit nous tenter,
Car on nous dit que notre mère Eve
Fut la première à le goûter;
Que, pour mordre au fruit défendu,
C'est dans une pomme qu'elle a mordu (*bis*).
Est-ce dans un' pomme, dans un' pomme ?
Depuis le premier homme,
Tout le monde en convient,
Et c'est d'là que l' cidre nous vient.

REFRAIN

Viv' le cidr' de Normandie !
Rien ne fait sauter comm' ça !
Et cette tisane-là
Guérit toute maladie.

(REPRISE ENSEMBLE)

Viv' le cidr' de Normandie !
Rien ne fait sauter comm' ça ! etc.

SERPOLETTE

II

Des pommes, j' connais les prouesses
On dit, je n'sais dans quel pays,
Que de leurs charmes trois déesses
On fait jug' le berger Pâris.

On ne dit pas, certainement,
Que Pâris était un Normand (*bis*).
Mais sans un' pomme, sans un' pomme,
  Jamais, c' pauvre jeune homme
  Tout a fait inconnu
N'aurait vu rien de c' qu'il a vu.

(REPRISE EN DANSANT)

Viv' le cidr' de Normandie, etc.

SERPOLETTE

III

C'est dans l' pays d'oùsque nous sommes
  Que, monté sur un tabouret,
Le beau Nicolas j'tait des pommes
  Dans le tablier de Babet.
A chaqu' pomm' Babet se haussait,
Ça faisait craquer son corset (*bis*).
Et l' beau jeune homme, l' beau jeune homme,
  En lançant chaque pomme,
  Disait : C'est merveilleux,
Je n'en jett' qu'une et j'en vois deux.

(REPRISE EN DANSANT)

Viv' le cidr' de Normandie, etc.

(*Chaque fois qu'on a dansé, Serpolette et le Bailli s'en sont donné à cœur joie, l'une, en retroussant ses falbalas qui la gênent, et le Bailli, en rajustant sa perruque qui, les trois quarts du temps, lui cache la figure. Au dernier refrain, au moment où tous deux se laissent aller tout à fait, Henri de Corneville entre et se trouve au milieu d'eux, qu'il surprend les jambes en l'air.*)

SCÈNE IV

LES MÊMES, HENRI

HENRI

Bravo ! à merveille !

SERPOLETTE, *se rafistolant*

Oh ! saperlotte ! le marquis !

LE BAILLI, *même jeu*

Monseigneur !... Nous étions en train de causer là, entre nous...

HENRI

Eh bien ! eh bien ! Est-ce que je suis un trouble-fête? (*Regardant Serpolette.*) Eh ! mais je ne me trompe pas... c'est...

SERPOLETTE

Mademoiselle la vicomtesse de Lucenay.

HENRI

C'est juste. Et vous revenez à Corneville?

SERPOLETTE

Oui, Monseigneur. J'avais d'abord voulu me rapprocher de la Cour; on me conseillait d'acheter-z-un palais-z-à Versailles.

HENRI

Un palais !

SERPOLETTE

Mes moyens me le permettent.

HENRI

Sans doute.

SERPOLETTE

Et puis, j'étais entourée de grands seigneurs qui m'en suppliaient...

HENRI

Des grands seigneurs...

SERPOLETTE

Oh ! vous ne vous figurez pas ça ! des ducs, des marquis, des barons; ils étaient tous à mes pieds...

HENRI

Déjà?

SERPOLETTE

Une si grande noblesse !

HENRI, *à part*

Et une si grosse fortune !

SERPOLETTE

Mais ça ne faisait pas mon affaire; tant plus qu'ils me trouvaient distinguée, tant plus je me trouvais gauche; tant plus qu'ils me vantaient mon esprit, tant plus je me trouvais bête. Ma foi, je me suis dit que si j'avais un château à m'acheter, valait mieux l'acheter en Normandie, et me r'voilà. Voulez-vous t'y m'vendre le vôtre?

HENRI

Mon château? Non, mon enfant, non. Mais vous m'y faites penser. Monsieur le Bailli, faites-moi le plaisir de servir de cicerone à ces braves gens, et faites-le leur visiter des caves au donjon. Après la visite du château, les cloches de Corneville donneront le signal du bal et des plaisirs.

SERPOLETTE

Ah ! mais, j'en suis, moi, de la visite. Ça me rappellera cette affreuse nuit qui fut mon plus beau jour, le jour de ma noblesse et la nuit de ma venette. Ah ! Monsieur le marquis, quelle venette !

HENRI

Oui, oui, je me souviens. Allons, Monsieur le Bailli, offrez votre bras à la vicomtesse.

LE BAILLI

Mademoiselle...

SERPOLETTE, *noblement*

Monsieur le Bailli...

LE BAILLI, *à la foule*

Suivez-nous, vous autres. (*Sortie.*)

(REPRISE)

Viv' le cidr' de Normandie, etc.

SCÈNE V

HENRI, *seul*, puis GRENICHEUX

HENRI

Pauvre Serpolette ! qui diable eût pu se douter... Ah ! ce n'est pas elle que j'aurais voulu retrouver, c'est ce misérable qui s'est enfui, et dont l'odieux mensonge me désespère. Penser que ce matin encore, Germaine me parlait de la promesse qu'elle a faite à ce nigaud, à ce poltron !... (*Allant vers le bosquet.*) Et comment la détromper ? lui dire la vérité, cela est impossible.

GRENICHEUX, *entrant par le fond*

Oui, Serpolette, j'en ai assez; il faut que je retrouve Germaine.

HENRI, *qui vient de s'asseoir dans le bosquet*

M'imposer à sa reconnaissance ?... D'ailleurs, quelle preuve lui donner ?

GRENICHEUX, *descendant*

Quand Germaine me verra sous ce costume...

HENRI, *l'apercevant*

Quelqu'un !

GRENICHEUX

Oh ! le Marquis !

HENRI

Est-il possible ?

GRENICHEUX, *saluant*

Monsieur le Marquis...

HENRI

Ah ! te voilà... mais cette livrée...

GRENICHEUX

Pardon, Monseigneur, ce n'est pas une livrée; je

fais partie, en qualité de factotum, de la noble maison de la vicomtesse de Lucenay.

HENRI

En vérité ! Eh bien ! mais, et les six mois que vous deviez passer à mon service, à moi?

GRENICHEUX

Il est vrai... c'est la noble vicomtesse qui...

HENRI

Laissons cela. J'ai à vous parler de choses plus graves.

GRENICHEUX

A moi, Monseigneur !...

HENRI

Comment ! j'ai eu le malheur de vous traiter de poltron, de lâche, d'imbécile, et l'on m'apprend que vous êtes un héros !

GRENICHEUX

Un héros?... un héros?

HENRI

Qu'au péril de votre vie, vous vous précipitez du haut de la falaise pour sauver les jeunes filles qui se noient.

GRENICHEUX

Ah ! c'est Germaine qui vous a dit...

HENRI

C'est mademoiselle Germaine qui m'a raconté ce haut fait, qu'elle ne connaît que par le récit qu'elle tient de vous, car elle était évanouie, dit-elle.

GRENICHEUX

Oui, Monseigneur.

HENRI

Mais elle assure que les dangers que vous avez courus sont effrayants.

GRENICHEUX

C'est vrai, Monseigneur; moi-même, je n'y pense pas sans frémir.

HENRI

Eh bien ! mais je ne serais pas fâché de frémir un peu aussi, moi, Racontez-moi donc cette périlleuse aventure.

GRENICHEUX

Volontiers, Monseigneur. J'étais à pêcher au pied de la falaise, dans un petit endroit que je connaissais, et...

RONDEAU

Je regardais en l'air,
Un' jeuness' dégringole,
Et vite, au fond d' la mer,
J' fais la mêm' cabriole.
Nous barbotions tous deux,
Tout à coup, par les ch'veux,
J' la saisis quand elle passe.
Voyez mon embarras :
Je nageais d'un seul bras,
Quand Germaine m'enlace.
Plus je fais le plongeon,
Plus elle se cramponne,
Et moi, dans son jupon, dans son jupon,
Voilà que j' m'enjuponne.
De rocher en rocher,
Sans vouloir la lâcher,
Je suis le flot qui me soulève,
Quand, fort heureusement,
Mais très brutalement,
Le flot nous jette sur la grève.
Alors, quoiqu' éreinté,
Vite (*bis*) j' la délace,
Et vous auriez été
Bien heureux à ma place.
Son sein se soulevait,
Que dire davantage ?
Bref, Germaine devait } *bis.*
La vie à mon courage, }

HENRI, *à part*

Ah! c'est trop de patience! (*Lui sautant à la gorge.*) Scélérat...

GRENICHEUX

Hein? quoi, Monseigneur?...

HENRI

C'est à moi, à moi, que tu oses te dire le sauveur de Germaine!...

SCÈNE VI

LES MÊMES, GERMAINE, ensuite GASPARD

GERMAINE, *qui vient d'entrer au fond, se tenant à l'écart*

Mon nom!

GRENICHEUX

Aïe! aïe! vous m'étranglez!...

HENRI

Je te ferai pendre. Mais, auparavant, tu confesseras ton odieux mensonge.

GRENICHEUX

Mon men... quoi?... mais...

HENRI

Et d'abord, regarde-moi bien. Tu ne m'as donc pas regardé le jour où j'ai mis Germaine entre tes mains.

GERMAINE, *à part*

Que dit-il?

GRENICHEUX

Vous? L'officier de marine qui a sauvé Germaine, c'était vous?

GERMAINE

Lui! (*Elle tombe sur un banc dans un bosquet de gauche, au fond.*)

HENRI

En conviens-tu?

GRENICHEUX

Oui, oui, je vous reconnais... Grâce !

GASPARD, *entrant par le bosquet de droite*

Hein ! quoi donc?

HENRI

Misérable gredin ! Ecoute, tu vas aller trouver Germaine et la désabuser; tu lui raconteras l'histoire de la falaise telle qu'elle s'est passée; mais, retiens bien ceci : je te défends sur ta vie, tu m'entends, sur ta vie, de prononcer mon nom. Je ne veux pas qu'elle sache qui l'a sauvée, je veux simplement qu'elle sache que ce n'est pas toi. Allons, va, obéis.

GERMAINE, *qui est descendue, tombant à genoux*

C'est inutile, Monseigneur.

HENRI

Germaine !

GASPARD

Elle ! (*Il disparaît.*)

GRENICHEUX, *se sauvant*

Sauve-qui-peut !

HENRI, *relevant Germaine*

De grâce !

DUO

GERMAINE

Ah ! Monseigneur, à peine je respire,
Ma place est bien à vos genoux.
Je vous la dois, et ma vie est à vous,
C'est tout ce que je puis vous dire.

HENRI

Eh bien ! puisqu'un serment nous lie,
Ah ! que ce soit donc pour la vie
Qu'à jamais nous soyons unis.

GERMAINE

Une servante... Ah ! Monsieur le marquis !

HENRI

ROMANCE

I

Une servante, que m'importe,
Depuis vingt ans qu'un navire me porte,
J'ai vécu de plus d'un métier,
Moi, citoyen du monde entier,
J'ai promené ma vie errante
De mer en mer, de pays en pays,
Et je ne suis pas plus marquis
Que vous n'êtes servante. } *Bis.*

II

Sur cette côte fortunée,
Deux fois les flots, deux fois la destinée,
En me ramenant n'ont-ils pas
Jeté Germaine entre mes bras ?
Qu'elle soit donc obéissante.
Que par l'hymen nous soyons réunis,
Voilà tout ce que le marquis
Commande à sa servante. } *Bis.*

GERMAINE

Si je n'étais qu'une servante
Soumise, obéissante,
A vos ordres, je céderais,
Je vous dirais :
Mon amour, voilà ma noblesse ;
Mais de Gaspard, je suis la nièce,
Et vous épouser, non, jamais ! (*Bis*)

HENRI

Jamais ? Jamais ?

ENSEMBLE

GERMAINE

Si je n'étais qu'une servante
Soumise, obéissante,
A vos ordres, je céderais,
Je vous dirais :
Mon amour, voilà ma noblesse ;
Mais de Gaspard je suis la nièce,
Et vous épouser, non, jamais ! (*Bis*)

HENRI

Oh ! si vous êtes ma servante
Soumise, obéissante,
Cédez, cédez à mes souhaits.
Je le savais.
De Gaspard, vous êtes la nièce ;
Mais je vous aime et ma tendresse
Pour vous ne finira jamais ! (*Bis*)

GASPARD, *se montrant au fond*

Allons !... (*On entend des clameurs et de grands cris, à la cantonade.*)

GERMAINE

Ah ! mon Dieu ! l'on revient.

GASPARD, *rentrant dans son bosquet*

Tonnerre ! impossible ! (*Le bruit redouble.*)

HENRI

Mais que se passe-t-il donc?

SCÈNE VII

LES MÊMES, SERPOLETTE, GRENICHEUX, *toutes les jeunes filles et tous les visiteurs, ensuite* LE BAILLI.

GRENICHEUX, *entre, tenu par quatre hommes et se débattant*

Non, non, je ne resterai pas.

SERPOLETTE

Tenez-le bien, ou plutôt non, c'est inutile. (*Saisissant Grenicheux à deux mains par le collet.*) Lâchez-le, et viens ici, toi ! M'obéiras-tu?

GRENICHEUX

Non !

SERPOLETTE

Tu refuses de m'obéir?

GRENICHEUX

Eh bien ! oui, je refuse.

SERPOLETTE, *le souffletant*

V'li ! V'lan !

GRENICHEUX

Oh !

TOUS, *riant*

Ah ! ah ! ah ! ah !

HENRI

Bravo !

SERPOLETTE

Monseigneur !... (*Voyant Grenicheux se sauver.*) Rattrapez-le ! (*On ramène Grenicheux.*)

HENRI

Mais qu'est-ce donc?

SERPOLETTE

C'est mon factotum qui me dit que vous voulez le faire pendre.

HENRI

Moi?

SERPOLETTE

Et qui veut partir contre ma volonté.

HENRI

Qu'il se rassure. S'il est pendu, ce qui ne peut guère manquer de lui arriver, ce ne sera pas par mon ordre.

LE BAILLI

Monseigneur, la visite est terminée.

SERPOLETTE

Ah ! il est superbe, le château; il est comme moi, tout à fait changé; nous ne nous reconnaissions ni l'un ni l'autre. (*On rit.*)

SERPOLETTE

Tiens ! Mademoiselle Germaine !

GERMAINE

Je ne savais pas que vous étiez ici, et je suis heureuse...

GASPARD, *quittant son bosquet en fredonnant*

Nous étions bien cinq cents gueux,
Tous les cinq cents d'une bande...

TOUS

Encore lui !

GRENICHEUX

Le fou !

(*Tout cela a été dit pendant le chant de Gaspard, qui ne s'interrompt que lorsqu'il se trouve face à face avec le Bailli.*)

GASPARD, *au Bailli*

Ah ! c'est toi, Fabrice !

TOUS

Fabrice !

GASPARD

Eh bien ! mon vieux, refuseras-tu toujours de me rendre ce fameux feuillet ?

LE BAILLI, *au Marquis*

Ah ! Fabrice, l'ancien bailli.

GASPARD

Tu sais bien qu'avec toi je ne lésine pas. D'ailleurs, tu dois savoir que les preuves de la naissance de Germaine te compromettaient autant que moi...

GERMAINE

De Germaine !

TOUS, *très bas*

De Germaine !

GASPARD

Je prouverai que tu savais que je n'ai jamais eu ni frère ni sœur.

GERMAINE

Que dit-il ?

GASPARD

Ah ! gros malin, tu crois que je n'ai pas deviné. Tiens, v'là ce que tu t'es dit : le comte est proscrit, il a confié sa fille et sa fortune à Gaspard qui, en élevant Germaine comme sa nièce, gardera la fortune, si le comte ne reparaît pas.

HENRI

Grand Dieu !

GERMAINE

Se peut-il ?

SERPOLETTE

Qu'est-ce qu'il dit ?

GASPARD

Alors, pour me faire peur, dans l'espoir de partager avec moi, tu as écrit toute la vérité sur le registre du bailliage ; ça fait que si, en cas de malheur, je voulais tout garder pour moi seul, tu n'aurais qu'à ouvrir le registre pour prouver que Germaine est la fille du comte de Lucenay.

GERMAINE

Moi ?

HENRI

Ciel !

SERPOLETTE

Germaine ! y s'trompe... il veut dire...

HENRI

Silence !

GASPARD

Mais, à bon chat bon rat. Une fois, deux fois, trois fois, veux-tu me rendre le feuillet du registre qui dit ça ?

LE BAILLI, *regardant Henri, qui fait un signe négatif*

Non !

GASPARD

Non ! Eh bien, ça m'est égal ! car le feuillet, je l'ai arraché, le voilà. (*Il montre le feuillet. — Henri, le Bailli, Germaine et Serpolette veulent s'en emparer en s'écriant* : « Ah ! ») Que voulez-vous ? Qui êtes-vous ? Ah ! c'est Fabrice qui vous envoie... (*Trouvant sous sa main, Grenicheux et le saisissant à la gorge.*) Ah ! brigand, tu veux me dévaliser !...

GRENICHEUX

Oh ! là là ! au secours ! (*Il s'échappe et disparaît en courant.*)

HENRI

Gaspard, c'est moi le petit-fils de ton ancien maître.

SERPOLETTE

Il se trompe. (*A Gaspard.*) Pas Germaine, Serpolette, fille du comte, Serpolette.

GASPARD

Serpolette, oui...

SERPOLETTE

Ah !

GASPARD

Serpolette, une propre à rien.

SERPOLETTE

Hein?

GASPARD

Que j'ai trouvée un soir dans un champ de serpolet; c'est même ce qui fait que j'ai conservé le feuillet du registre, parce que ce même feuillet prouve aussi que Serpolette est née de père et mère inconnus.

SERPOLETTE

Père et mère inconnus! Vous voyez bien que cet homme est fou !

GASPARD

Non, je ne suis pas fou !... ou plutôt, je l'ai été; mais je ne le suis plus ! Dans le premier moment, quand les cloches m'ont surpris dans le château... j'ai cru que ma pauvre caboche... Oh ! mais ça n'a pas duré. Et quand j'ai su que vous étiez de retour, j'ai cru revoir mon vieux maître, votre grand-père, qui, en me quittant, m'avait laissé ses pleins pouvoirs. J'étais un honnête homme, alors. Oh ! il le savait ben, lui, le grand-père, et, pendant dix ans, je n'ai entassé tout cet or que pour vous le rendre; mais le temps marchait, vous ne reveniez pas, l'or s'amoncelait, si bien qu'un jour j'ai eu le vertige... et j'ai osé me dire : Mais cet or-là... il est à moi, puisqu'il n'est plus à personne, et voilà dix ans que je n'ai pas d'autre amour, d'autre maître, d'autre Dieu ! Ah ! voilà dix ans, dix ans que je suis fou !

HENRI

Gaspard !

GASPARD

Oh ! je puis tout avouer aujourd'hui, puisqu'en vous rendant la fortune, je vous donne le bonheur ! Oui, le bonheur, car ce papier prouve que Germaine est digne de vous. Prenez-le, Monseigneur, prenez-le... et pardonnez-moi tous les deux. (*Il tombe à genoux.*)

FINALE

HENRI

Pour ce trésor que tu nous abandonnes,
Te pardonner !... je donnerais cent fois
La fortune que tu me dois
Pour le trésor que tu me donnes.

SERPOLETTE

Je n' suis plus vicomtess', ni marquis', ni baronne,
Et j' n'appartiens plus à personne.

LE BAILLI

A personne qu'aux serpolets.

GERMAINE

Reste avec moi, ne me quitte jamais.

SERPOLETTE

Comm' servante ?

GERMAINE

Comme amie.

GRENICHEUX, *à part*

Tiens, si j'étais de la compagnie...
(*On entend les cloches.*)

TOUS

Ah ! les cloches !

GASPARD

Oh ! sans frayeur
Je les entends avec bonheur.

HENRI

A ce fantastique domaine,
Hélas ! depuis longtemps déjà,
Il manquait une châtelaine :
La châtelaine, la voilà.

TOUS

Vive la châtelaine !
Et vive Monseigneur !

GRENICHEUX, *à Serpolette*

Tu n'as plus rien, mais t'es gentille,
Je t'offre ma main et mon cœur.

SERPOLETTE

Merci, j'aime mieux rester fille.

AIR DES CLOCHES

GERMAINE, *aux vassaux*

Si je suis vraiment dame et châtelaine,
Il faut oublier vos anciennes terreurs,
Car, dès aujourd'hui, l'heureuse Germaine
Du nouveau château, va faire les honneurs.
(*Au public.*)
Ecoutez bien tous, le carillon sonne,
C'est au vieux château qu'on veut me ramener,
Et pour mon bonheur, quand il carillonne,
Ne l'empêchez pas de carillonner (*bis*).

TOUS

Digue, digue, digue, digue, digue don, etc.

FIN

IMP. LEBOIS FRÈRES — BAR-SUR-AUBE

Pour la **PARTITION**

et les

PARTIES D'ORCHESTRE

S'adresser à l'Éditeur

Pour les Ouvrages du

RÉPERTOIRE

consulter

le Catalogue spécial

des

Ouvrages de Théâtre

www.ingramcontent.com/pod-product-compliance
Ingram Content Group UK Ltd.
Pitfield, Milton Keynes, MK11 3LW, UK
UKHW020922180726
13838UKWH00002B/707